Lukian fra Samosata

Lukian fra Samosata

HVORLEDES MAN BØR SKRIVE HISTORIE

oversat ved prof., dr. M. Cl. Gertz.

imprimatur

Lukian fra Samosata
Hvorledes man bør skrive historie.
oversat ved prof., dr. M. Cl. Gertz.
1. udg. 1904, 2. rev. udg. 2020
© 2020 fra Samosata, Lukianos
Forlag: BoD – Books on Demand, København, Danmark
Tryk: BoD – Books on Demand, Norderstedt, Tyskland
ISBN: 9788743025993

Indledning.

Lukian var født o. 120 e. Kr. i byen Samosata ved Eufrat i landskabet Kommagene, som var en del af den romerske provins Syrien. Hans fattige forældre havde oprindelig bestemt, at han skulle være stenhugger; men den opvakte yngling havde mere lyst til litterær uddannelse og løb derfor snart af læren. I Antiochia, som var hovedsædet for den græske dannelse i Østen, lærte han ordentlig det græske sprog og lagde sig efter veltalenhedskunsten, som på de tider var yndlingsstudiet ved siden af og næsten endnu mere end filosofien. I den første tid derefter skal han have søgt at ernære sig som sagfører i Antiochia; men snart længtes han efter større berømmelse, end retssalen dér kunne skænke ham. Og efter at have fuldendt sin uddannelse som taler ved de berømte retorskoler i Forasien, gav han sig så til at være, hvad man dengang kaldte *sofistes*, dvs. han rejste omkring som retor og holdt foredrag over selvvalgte eller af publikum opgivne emner af den art, som den da florerende prunkveltalenhed plejede at beskæftige sig med. Rundt omkring i næsten alle Romerrigets store stæder har han holdt sine foredrag og sikkert gjort megen lykke og tjent både ære og penge ved denne virksomhed; blandt hans talrige skrifter har man endnu bevaret enkelte ret fine og interessante prøver på hans retorforedrag.

Men da han var bleven omtrent 40 år gammel, blev han ked af det omflakkende sofistliv og af hele denne litterære beskæftigelse med al dens tomhed og vindmageri. Han slog sig nu for en lang række år ned i Athen, og efter tilskyndelse af en akademisk filosof Nigrinos, som han havde truffet sammen med i Rom, gav han sig til at studere filosofi, hvortil der var rig lejlighed i den gamle universitetsby. Imidlertid er han ikke kommet videre end til at stifte et temmelig overfladisk bekendtskab med de forskellige filosofiske skolers lærdomme; han har ikke kunnet afvinde deres teoretiske, tit yderst spidsfindige undersøgelser, navnlig på logikkens og metafysikens område, nogen interesse, og han er blevet led ved skolernes indbyrdes kævlerier og har fattet den dybeste mistro til dem, ligesom også mange af de filosofiske læreres personlige færd har forarget ham. Navnlig blev han en bitter fjende af kynikerne, til dels også af stoikerne; epikuræernes milde væsen og rationalisme tiltalte ham mere. Men filosofisk forfatter kunne han ikke blive; og hans trang til litterær virksomhed førte ham da ind på en anden retning, idet han blev skaber af *den satiriske dialog.* Han støtter sig hermed dels til den platoniske dialog, dels og endnu mere til den gamle komedie, men har uddannet den nye litteraturgren helt på sin egen ejendommelige måde. Fra denne Lukians anden forfatterperiode stammer de fleste og bedste skrifter af ham, som er kommet til os; de fleste har dialogformen, men andre har karakteren af afhandlinger og fortællinger; indholdet er meget rigt og afvekslende, og hans satiriske vid vender sig i dem mod alle væsentlige forkertheder og udskejelser dels i det litterære liv i samtiden, dels på privatlivets område, hvorimod han på grund af forholdene måtte holde sig fra at omtale det politiske liv. Vi kan dog her ikke gå nærmere ind på at omtale denne hans forfattervirksomhed i enkeltheerne; udførligere meddelelser derom har jeg givet i indledningen til min oversættelse af »Udvalgte skrifter af Lukianos«, Kbhvn. 1891[*], og dem, der ønsker at gå endnu nøjere ind på sagen, vil jeg særlig henvise til et fortræffeligt arbejde af franskmanden *Maurice Croiset:* Essai sur la vie et les æuvres de Lucien, Paris 1882. Her skal vi udelukkende holde os til det enkelte skrift, som foreligger oversat nedenfor.

Om Lukians senere livsforhold er blot endnu dette at tilføje, at han på sine gamle dage synes på en eller anden måde at have mistet sin formue, så at han ikke længere kunne fortsætte sit rolige privatliv i Athen og vedblive med sin skribentvirksomhed. Han måtte atter drage ud som omrejsende sofist, og man har igen fra denne tid enkelte prøver på hans foredrag. Til sidst lykkedes det ham at blive ansat i et underordnet embede i Alexandria, og her synes han at være død c. 200 e. Kr.

* * *

Det her oversatte skrift af Lukian, som efter overleveringen i håndskrifterne bærer titlen: *Hvorledes man bør skrive historie*, er et af de få værker af ham, ved

---

[*] Genudgivet i Lukian: Dialoger og skrifter i udvalg, 2020.

hvilke man temmelig nøjagtigt kan angive affattelsestiden, idet vi fra ham selv kender anledningen til, at han skrev det. Det stammer fra kejser Marcus Aurelius' første regeringstid, vistnok fra slutningen af år 165 eller begyndelsen af 166 e. Kr.; i hvert fald var den krig, som førtes mellem romerne og partherne i tiden 161-66, endnu ikke helt bragt til ende, da det blev skrevet. Det tilhører Lukians anden forfatterperiode eller i det mindste overgangstiden dertil, den tid, da han havde vendt sig bort fra retorikken. Om anledningen til dets fremkomst har vi følgende at meddele.

Siden kejser Hadrian straks efter sin regeringstiltrædelse 117 havde besluttet sig til at opgive den magtstilling i Orienten, som hans forgænger Trajan havde vundet, men som kun vanskeligt lod sig holde, og derfor havde overladt landene hinsides Eufrat til partherne samt givet Armenien dets egen konge, havde der hersket fred mellem romerne og partherne i 44 år. Men efter Antoninus Pius' død 161 søgte partherkongen Vologaisos at bemægtige sig Armenien og fordrive dets konge Sohaimos, som romerne understøttede; dette ville romerne ikke tåle, og så brød krigen ud. I begyndelsen gik det romerne meget uheldigt: statholderen i Kappadokien, *Publius Ælius Severianus,* som bl. a. i tillid til nogle gunstige orakelsvar, der var givet ham af løgneprofeten Alexander fra Abonuteichos[*], var rykket ind i Armenien for at jage partherne ud deraf,

---

[*] Lukians skrift om løgneprofeten findes i Lukian: Syv skrifter, 2020.

blev med næsten hele sin hær nedhugget ved *Elegeia* i egnen ved Eufrats kilder; derefter gik flere romerske vasalfyrster over til partherne, og *Vologaisos* selv trængte over Eufrat ind i Syrien og slog statholderen dér. Nu bestemte man i Rom at tage alvorligere fat, og Marcus Aurelius' medkejser Lucius Verus drog til Orienten for at lede krigsførelsen; for resten var han selv næsten kun en dreng, men man havde givet ham Romerrigets dygtigste officerer med som ledsagere, og disse fik snart stillingen derovre forandret. Nøjere kender man rigtignok ikke til krigens gang i enkelthederne, men de væsentligste hovedtræk af den er dog bevaret i de tarvelige beretninger, der er kommet til os. De romerske legater Publius Martius Verus og Marcus Statius Priscus generobrede i 163/4 Armenien og indsatte på ny Sohaimos til konge. Hovedkrigen mod selve partherkongen og hans feltherre *Osroes,* vistnok en beduinerhøvding, førtes mest af den dygtige *Avidius Cassius,* som efter et par glimrende sejre ved *Europos* og siden ved *Sura* på Eufrats højre bred drev partherne ud af Syrien, trængte over floden ind i selve Parthien og indtog dets hovedstad Ktesifon og nabobyen Seleukia, som blev afbrændt. Derefter drog selve Lucius Verus, som hidtil mest havde moret sig i Antiochia, ind i Parthien og gik endog over Tigris og trængte frem i Medien. Snart efter disse begivenheder, som forefaldt i årene 164-66, blev der sluttet en fred, hvis betingelser ikke kendes nøjagtigt; men vist er det dog, at romerne hævdede besiddelsen af det nordlige Mesopotamien, hvor *Nisibis* og flere andre vigtige fæstninger lå, ligesom også Armeniens konge blev Romerrigets vasal. Hæren vendte hjem til Occidenten, hvorhen den slæbte pesten med sig, som var udbrudt under krigen, og begge kejserne holdt en glimrende triumf i Rom år 166.

Krigen havde vakt stor opmærksomhed og interesse hos hellenerne både i Asien og i Europa; og denne interesse havde, efter hvad Lukian siger, blandt andet givet sig udslag på litteraturens område, idet der var fremkommet en mængde såkaldte historiske værker, i hvilke romernes glimrende krigsbedrifter skildredes. Disse skrifter var forfattet snart af udannede eller halvdannede folk, som havde været med på krigstoget i ganske underordnede stillinger og ikke havde fjerneste begreb om at skrive, snart af græske retorer, der hverken forstod sig på krigsførelse eller på historieskrivningens kunst. Lukian, som på den tid just havde været på en rejse ovre i Ionien og siden var draget derfra over til det europæiske Hellas (den romerske provins Achaia, hvor han synes særlig at have opholdt sig i Korinth), havde undervejs haft lejlighed til at høre en stor mængde af disse moderne historieskrivere forelæse deres værker for en indbudt tilhørerkreds, hvilket var den måde, hvorpå man i kejsertiden først plejede at offentliggøre sine skrifter. Han var blevet grebet af ærgrelse ved at høre disse makværker, som vrimlede af de groveste fejl i sproget, i stilen, i kompositionen og overhovedet i enhver retning, foruden at de var fulde af dumheder og løgnehistorier og plettedes af det modbydeligste smigreri for romerne og deres hærførere. Hans satiriske ånd drev ham da til at føre et drabeligt hug mod disse udskejelser i litteraturen; og det har han gjort i det her foreliggende arbejde.

Hvad her er meddelt om anledningen til værkets fremkomst, viser os også, hvilken synsmåde vi må anlægge ved dets bedømmelse, hvis vi vil fælde en rigtig og retfærdig dom over det. Dette er nemlig ikke altid sket; og nogen skyld heri har den titel, skriftet har fået, enten det nu er Lukian selv, der har givet det titlen, hvad der er meget muligt, eller den er sat over det af en anden. Man har nemlig deraf taget anledning til at betegne skriftet som den første *historieskrivningens teori*; og ud fra denne betragtningsmåde af det har man fældet mere eller mindre strenge domme over dets mangler og navnlig dets ufuldstændighed. Det er også sandt nok, at hvis man har ret i at antage, at Lukian har villet levere en videnskabelig behandling af et sådant emne, og anlægger sin målestok på hans værk derefter, vil dette ikke kunne bestå for dommen; en videnskabelig historieskrivningens teori skulle have været bygget på ganske anderledes vidt omfattende og dybtgående videnskabelige studier, såvel empiriske som spekulative, end Lukian åbenbart har indladt sig på; det skulle fremdeles have behandlet mange enkeltspørgsmål, som her slet ikke er kommet frem, og selv de, han har fået frem, skulle have været behandlet med ganske anderledes grundighed og fuldstændighed. Om Lukian i det hele havde *kunnet* levere et skrift af denne art, må vi lade stå hen; men sikkert er det, at det har han slet ikke *villet* gøre med dette skrift. Det er og må ses som et hurtigt affattet *lejlighedsskrift*, man kunne næsten sige en journalistisk afhandling, og dets fornemste tilblivelsesgrund, ligesom også grunden til, at det har fået den beskaffenhed, det har, må søges i dets *satiriske tendens*, som det også tydeligt nok er udtalt af forfatteren selv. Hans hovedformål med det har været dette: ved hjælp af satirens og spottens skarpe lugekniv at udrydde den historiske ukrudtslitteratur, som han så var i færd med at vokse op og brede sig til alle sider, og som han med sin naturlige og ved læsning af de bedste historiske forfattere uddannede smag og forstand straks måtte erkende for, hvad den var, og fatte afsky for og føle det som sin litterære pligt at kvæle i fødslen. Derfor opfylder da også det satiriske, negative parti den største del af skriftet; ja, der er næsten gjort for meget ud deraf. Men ingen kan fortænke ham i, at han netop til stærkere belysning af de påpegede fejl også har villet give sit værk en positiv del, hvorom han for øvrigt selv taler med største beskedenhed (i kap. 4-5), idet han i modsætning til fejlene kortelig har villet fremhæve de hovedegenskaber, som efter hans mening måtte findes hos en ægte og god historieskriver, og som enhver, der ville være dette, måtte stræbe efter lige så meget, som han måtte beflitte sig på at undgå fejlene. Hans studium af den græske litteraturs ypperste historikere, fremfor alt af mesteren Thukydid, og hans egen gode smag og lyse hoved satte ham også i stand til at gøre dette; og ingen, der vil dømme retfærdigt, vil kunne nægte, at så godt som alle de bemærkninger, han gør herom, i al deres kortfattethed er slående og rigtige. De træffer da også på mange måder sammen med, hvad man finder udtalt hos mænd, der har tænkt så dybt over deres opgave som Thukydid og Polybios, og Lukians skrift har virkelig også været belærende for senere historieskrivere; den dygtige filolog Solanus har i en bemærkning til skriftet bl. a. meddelt, at den udmærkede franske historieskriver de Thou særlig har hentet de regler, han opstiller for historieskrivning, fra Lukians værk og sat hans udtalelser herom i spidsen for sit eget historieværk.

LUKIAN FRA SAMOSATA

HVORLEDES MAN BØR SKRIVE HISTORIE

1. Om abderitterne[1] fortæller man, ædle Filon, at de på den tid, da Lysimachos lige havde antaget kongenavnet, blev angrebet af en sygdom, der havde følgende beskaffenhed: først fik alle folk i hele byen en feber, som lige fra første færd var voldsom og vedholdende i sin styrke; derefter fik så omtrent ved den syvende dag[2] nogle af dem stærk næseblødning, andre faldt i sved, som ligeledes var stærk, og dette bragte feberen til at standse, men med det samme hensattes deres ånd i en ganske løjerlig tilstand. I deres sindsforvirring gav de sig nemlig alle sammen til at spille tragedie og udråbte med høj røst tragiske vers, men særlig foredrog de dog arierne af Euripides' »Andromeda«[3] og deklamerede til afveksling dermed Perseus' berømte monolog; og byen var fuld af disse syvendedagstragediespillere, alle sammen blegnæbede og afmagrede personer, som med højtklingende stemme fremsagde versene:

Du, Eros, drot blandt guder og blandt mennesker,

osv. — og dette varede længe ved, indtil vinterens og tilmed en stærk vinterkuldes indtræden omsider gjorde ende på deres galskab. Hvad der havde foranlediget denne mærkelige hændelse, var, tror jeg, det, at den tragiske skuespiller Archelaos, som på den tid stod i høj anseelse, ved midsommerstid under en stærk solhede havde opført tragedien Andromeda for dem; det havde haft til følge, at flertallet af dem straks efter skuespillet havde fået feber, og at de senere hen, da de atter var kommet oven senge, henfaldt til det nysomtalte forrykte tragediespil, idet Andromeda lang tid igennem blev ved at dvæle i deres erindring og Perseus med medusahovedet i hånden endnu stadig omflagrede enhvers tanker.

2. For nu at sammenligne hovedsag med hovedsag, som man kalder det, så har denne abderitiske syge også nu i vore dage ramt flertallet af vore litterater, ikke med den virkning, at de spiller tragedie — for *det* ville dog være en mindre galskab hos dem, om de var blevet besat af vanvittig begejstring for andres vers og tilmed gode vers —; nej, men lige fra det øjeblik af, da de begivenheder er kommet i gang, der nylig er foregået eller er ved at foregå, — jeg mener vor krig mod barbarerne og nederlaget i Armenien og siden den uafbrudte række af sejre —, er der ikke en eneste af dem, som ikke skriver historie, eller lad mig hellere sige: overalt, i hver en krog, har vi en Thukydid eller en Herodot eller en Xenofon. Så var altså dog, kan man nu se, det gamle ord[4] sandt: »krig er fader til alt«, — så sandt som den jo nu med ét slag har fået hele denne mængde historieskrivere til at vokse op.

3. Ved at se og høre dette, kære ven, er jeg kommet til at huske på den gamle historie om manden fra Sinope[5]. Dengang det nemlig hed sig, at Filip var i færd med at rykke frem mod Korinth[6], var alle korinthierne i stor bestyrtelse og havde frygtelig travlt: nogle gjorde deres rustninger i stand, andre slæbte sten hid, andre byggede op på den forfaldne bymur, atter andre afstivede murtinderne, og andre igen syslede på anden vis med det eller det nyttige arbejde. Da nu Diogenes så dette og ikke vidste, hvad *han* skulle bestille, — for der var ingen, der havde brug for ham til noget —, så bandt han sin grove kappe som et bælte om livet på sig og gav sig for sit vedkommende til meget ivrigt at rulle sit fad, i hvilket han boede, op og ned i Kraneion. Og da en af hans disciple så spurgte ham: »Hvad skal det betyde, du dér gør, Diogenes?« svarede han: »Jeg for min part ruller mit fad, for at jeg ikke skal komme til at stå som den eneste dovne blandt hele denne masse flittige arbejdere.«

4. Således har da nu også jeg, kære Filon, for ikke at være den eneste stumme på et tidspunkt, da så mange røster lader sig høre, og for ikke at gå og drive om som en statist i komedien med gabende mund[7] uden at sige et ord, anset det for rigtigt af mig efter bedste evne »at rulle mit fad« — ikke at forstå således, at jeg vil skrive historie eller selv skildre storbedrifter; nej, *så* stor dristighed har jeg ikke, og *den* bekymring skal du ikke nære for *mig*; for jeg ved nok, hvor stor faren er, hvis man ville give sig til at rulle sit fad ned over klippe-

grund, navnlig da et stakkels usselt fad af den art, som mit er, der ikke engang er af rigtig solidt pottemagerarbejde; følgen deraf ville jo uundgåeligt blive den, at jeg meget snart, når det var stødt an mod en eller anden lille bitte sten, måtte samle skårene af det sammen. Nå, men hvad er det da, jeg har besluttet mig til? og hvorledes vil jeg uden at udsætte mig for fare tage del i krigen, idet jeg selv står uden for skudvidde? Det skal jeg sige dig. »Borte fra dampen og bølgernes bråd«[8] og alle de mange bekymringer, der er forbundet med at skrive historie, vil jeg klogelig holde mig selv; men derimod vil jeg lægge skribenterne denne lille formaning på sinde og give dem disse få gode råd, min bog her indeholder, for at jeg kan få andel med dem i den bygning, de opfører (selv om jeg ikke også bliver nævnt med i indskriften på den): jeg har jo så dog i det mindste med fingerspidsen rørt ved kalken[9].

5. Og dog mener de fleste jo ikke engang at have et godt råd behov til denne gerning, lige så lidt som de behøver nogen lærebogsanvisning til at gå eller at se eller at spise; tværtimod bilder de sig ind, at det at skrive historie er den allerletteste sag af verden, noget, der ligger lige for hånden, og som ethvert menneske kan gøre, når han blot kan udtrykke det i ord, der falder ham ind. Men i virkeligheden hører historieskrivning, hvad du selv sikkert ved lige så godt som jeg, kære ven, ikke til de arbejder, der er lette at behandle, ikke til dem, der lader sig udføre med let sind og løs pen; nej, den kræver måske endda mere end noget som helst andet i littera-

turen omhu og overvejelse i stort mål, — hvis man da vil skabe »et liggendefæ til nytte for bestandig«, som Thukydid siger[10]. Nu er jeg rigtignok på det rene med, at jeg ikke vil få omvendt synderligt mange af dem, ja at nogle endog vil finde mig utålelig i højeste grad, særlig da alle de, der allerede har fået deres historieværker fuldført og lagt dem frem for offentligheden[11]; og hvis deres arbejde oven i købet er blevet rost af dem, der ved offentliggørelsen var til stede som tilhørere, så er det vanvid at håbe, at den slags forfattere vil indlade sig på enten i henseende til indhold eller til stil at forandre noget af det, der én gang for alle har fået godkendelsens stempel og så godt som er henlagt i forvaring i de kejserlige haller[12]. Men alligevel er det ingen skade til, at mine ord bliver henvendt også til disse folk; for skulle der engang i tiden opkomme en ny krig, enten mellem kelterne og geterne eller mellem inderne og baktrierne — imod os vil nemlig næppe nogen driste sig til at begynde krig, nu da vi omsider har fået alt og alle betvunget —, så vil de i så fald være i stand til at skrive bedre ved at anlægge den rettesnor, jeg her giver dem, på deres værk, — hvis de da ellers måtte finde den rigtig. Gør de ikke det, nå ja, lad dem så også til den tid måle deres arbejde med den samme alen, som de nu bruger: lægen vil ikke tage sig det synderlig nær, om også alle abderitter behager at spille Andromeda. —

6. Dobbelt er jo nu den opgave, man har som rådgiver, idet man skal lære at *vælge* noget og at *undgå* andet. Lad os da først tale om, hvilke ting den, der vil skrive

historie, skal undgå, og hvad han mest bør holde sig ren for; siden efter kommer vi til, hvilke grundsætninger han skal følge for ikke at forfejle den rette og lige vej, både med hensyn til, hvad for en indledning han skal begynde med, og hvilken ordning han bør anlægge på stoffet, og i hvilket omfang han skal behandle hvert enkelt punkt, hvad han skal tie helt stille med og hvad han skal dvæle længe ved og hvad det er rådeligst at gå let hen over, endelig hvorledes han bør vælge sine udtryk i ord og sammenføje dem i stil. Dette, jeg her har nævnt, og andet af samme art, *dér*om senere hen; men lad os nu her straks tale om alle de forskellige fejl, der plejer at klæbe ved de dårlige historieskrivere.

7. Hvad nu de fejl angår, der kan findes i alle slags litteraturværker, både med hensyn til sprog og til stil og til tankeindhold og overhovedet alt, hvori mangel på kunstmæssig uddannelse røber sig, da ville det være for vidtløftigt at opregne og gennemgå dem, og desuden ville det ikke *særlig* vedkomme den opgave, jeg her har sat mig; for de er, som jeg sagde, fælles for *alle* slags litteratur. Men hvad dem angår, der særlig begås ved historieskrivning, så vil du ganske vist, om du vil overvære forelæsningerne, ved lidt påpasselighed selv kunne finde de samme fejl, som også jeg har fundet ved de mange foredrag, jeg har hørt, navnlig hvis du vil lukke dine ører op på vidt gab for alle foredragsholderne; men indtil da er det ikke ubetimeligt her eksempelvis at omtale nogle enkelte, som findes i de historieværker, der allerede er skrevet på denne fejlfulde måde.

Og lad os da først betragte, hvor stor en fejl historieskriverne begår derved, at de fleste af dem forsømmer at skildre de indtrufne begivenheder og i stedet for dette dvæler vidtløftigt ved lovprisninger af fyrster og hærførere, således at de løfter deres egne folk højt til skyerne, men derimod nedsætter fjendernes ud over alle rimelige grænser. De fatter ikke, at det ikke er en smal, flad landstrimmel, om jeg så må sige, der afgrænser og afsondrer historien fra lovtalen, men at der er en stor skillemur imellem dem, og at de, for at bruge musikernes udtryksmåde, er skilt fra hinanden ved et interval af hele to oktaver[13]. Den, der holder en lovtale, bryder sig nemlig udelukkende om én ting: at lovprise den, han roser, og derved glæde ham, ligegyldigt på hvilken måde; og selv om han kun skulle kunne nå sit mål ved at lyve, bekymrer han sig kun lidet derom. Historien derimod kan ikke tilstede, at nogen som helst løgn får indpas, ikke engang den allermindste, lige så lidt som luftrøret, efter hvad lægerne siger, ville kunne tage imod noget som helst, der ved synkning kom ned i det.

8. Fremdeles synes denne slags historieskrivere ikke at forstå, at digtekunst og digterværker har *deres* ejendommelige mål og særlige regler, som er helt forskellige fra historiens. I *dem* råder nemlig den rene og ubundne frihed, og dér gælder kun én lov: digterens egen vilje. Han er nemlig guddomsopfyldt og besat af Muserne, og derfor vil ingen tage ham det ilde op, selv om han finder på at forspænde en vogn med bevingede heste,

eller om han lader andre heste optræde og løbe hen over bølgernes eller aksenes toppe[14]; heller ikke når Zeus hos digterne haler jord og hav tilsammen op i vejret og holder dem svævende i én line[15], er de bange for, at denne skal briste og hele universet styrte ned og gå i smadder; og når de fremdeles vil lovprise Agamemnon, er der ingen, der vil formene denne at ligne Zeus på hovedet og øjnene og hans broder Poseidon på brystet samt Ares på bæltestedet[16], eller overhovedet forbyde, at han, som dog kun er Atreus' og Aëropes søn, bliver en sammensætning af alle mulige guder; for naturligvis er hverken Zeus eller Poseidon eller Ares hver alene for sig tilstrækkelig til fuldt ud at give ham hans skønhed. Men hvis derimod historieskrivningen lader noget smigreri af den art få indpas hos sig, hvad andet bliver den vel så til end en slags digtning i prosa, der vel mangler det høje sving i talen, som den virkelige digtning har, men i øvrigt lader hele dennes kogleri træde frem til skue, blottet for rytmerne[17] og netop på grund heraf desto mere iøjnefaldende? Altså er det en stor, ja lad mig hellere sige en umådelig stor fejl, hvis man ikke forstår at skelne imellem hvad der hører historieskrivningen og hvad der hører digtningen til, men prakker historieskrivningen den pynt og stads på, der tilhører digtningen, — jeg mener mytefortællingen og lovtalen med samt alle de overdrivelser, der hører hjemme i disse. Det er jo, som om man ville hænge purpurgevandter og al den øvrige hetærepynt på en atlet, en af disse stærke karle, der er aldeles som tømrede af egetræ, og desuden indgnide ham med rød og hvid sminke i ansigtet: du store Herakles, hvor ville man så ikke gøre ham latterlig ved at besudle ham med al den stads!

9. Dog er det ikke min mening, at man ikke stundom må bruge lovtaler også i historieskrivningen; men man må kun bruge dem ved passende lejlighed og holde dem inden for sådanne grænser, at de ikke virker stødende på dem, der senere engang i fremtiden skal læse dem. Overhovedet bør nemlig hensynet til fremtidens dom være den rettesnor, hvorefter man behandler den slags ting, hvad jeg lidt senere hen skal påvise. Men hvad nu dem angår, der bilder sig ind at gøre en rigtig fin deling, når de ved historieskrivningen sondrer mellem to ligeberettigede sider og dele, det fornøjelige og det nyttige, og som derfor indsmugler også lovtalen i den som noget fornøjeligt og noget der glæder læserne, ser du så ikke, i hvor høj grad de griber fejl af sandheden? For det første er jo den inddeling, de anvender, ganske falsk; historieskrivningen har nemlig kun én opgave og ét mål: *det nyttige*; og dertil når man alene ved at holde sig til sandheden. Ganske vist ville det være bedst, om også det fornøjelige kunne følge med ved siden af hint, på samme måde som det ville være bedst, om en atlet også havde skønhed i tilgift. Men for øvrigt kunne jo selv en mand som Nikostratos, Isidotos' søn, en brav karl, som var stærkere end sine modstandere i begge kamparter, udmærket godt være en af Herakles' ægte efterfølgere[18], skønt han personlig var så hæslig af udseende som nogen overhovedet og til modstander hav-

de den smukke Alkaios fra Milet, — som tilmed, efter hvad man fortæller, var hans yndling og elskede. Og på samme måde ville vel altså også historien, hvis den ved et heldigt træf tillige kunne bringe det fornøjelige med sig som en tilgift, drage flere elskere til sig; men så længe den blot fuldt ud kan nå sit eget ejendommelige mål, jeg mener den klare fremstilling af sandheden, så længe vil den kun bekymre sig lidet om skønheden.

10. Dernæst fortjener også dette nok at siges, at det rent mytiske og fabelagtige i historieskrivningen ikke engang er fornøjeligt for tilhørerne og læserne, og at det, der hører ind under lovtalens begreb, af to forskellige grunde virker i højeste grad stødende på dem, — hvis man da ikke tænker på pøbelen og den store hob, men på sådanne tilhørere, som vil lytte til dens fremstilling med ægte dommerøre, ja, ved Zeus, oven i købet med chikanøst anklagerøre, sådanne tilhørere, som ikke vil lade noget galt slippe ubemærket forbi; for det første ser de nemlig endnu skarpere end Argos[19] og har øjne på enhver kant af deres krop, og dernæst prøver de på ægte vekselermaner enhver ting af dem, der siges, på en vægtskål, således at de straks bortkaster alt, hvad der er falsk, og kun tager imod hvad der er ægte, lovmæssigt og skarpt i sit præg. Sådanne folk bør man naturligvis alene have for øje, når man skriver historie, men de andre skal man kun bekymre sig lidet om, selv om de skråler sig fordærvet ved at rose en. Dersom man nemlig, uden at tage hensyn til de omtalte strenge tilhørere, krydrer sin historieskrivning ud over det rette

og tilbørlige mål med fabler og lovtaler og alle andre slags lækre sager, vil man meget snart få gjort den til noget, der kan lignes ved Herakles i Lydien[20]; for jeg tør vel nok antage, at du har set et eller andet maleri, der forestiller ham i hans trældom hos Omfale, hvor han er udstyret på en måde, der ganske strider imod hans natur. Medens *hun* nemlig har kastet hans løvehud om sig og holder hans kølle i sin hånd, som om hun naturligvis var Herakles selv, sidder *han*, iført en safranfarvet underkjortel og en purpurfarvet overklædning, og karter uld og får dask af Omfale med hendes tøffel; og det er et højst hæsligt syn at se på, sådan som klædningen poser ud fra hans legeme og ikke slutter tæt til det, og sådan som gudens mandige væsen er kvindagtiggjort på uanstændig vis.

11. Det kan jo nu måske nok være, min gode historieskriver, at den store hob også vil rose sådanne ting ved din fremstilling; men de førnævnte fåtallige dommere, som *du* ringeagter, de vil få sig en rigtig munter latter og le sig hjertelig mæt, når de ser mangelen på ensartethed og harmoni og sammenhæng i det makværk, du har lavet. Hver ting har nemlig (det er jo vitterligt nok) *sin* ejendommelige skønhed[21]; hvis man altså ved ombytning anbringer denne på den urette plads, gør man den tværtimod uskøn på grund af sin urigtige brug af den. Jeg vil så slet ikke tale om, at dine lovtaler muligvis nok kan være fornøjelige for en enkelt person, ham der bliver rost, mens de derimod er sårende for alle andre, særlig da hvis de indeholder una-

turlige overdrivelser; og netop den beskaffenhed har de lovtaler, som de fleste laver, idet de går på jagt efter gunst og velvilje hos dem, de roser, og derfor bliver ved med deres lovprisninger, lige til de får gjort deres smigreri så åbenlyst, at alle og enhver kan se det. De forstår nemlig ikke engang at gøre det efter kunstens regler, ej heller drager de et slør hen over deres sleskeri; nej, de buser plumpt på med hele deres kraft og smører tykt på ved alt, hvad de siger, så det både bliver utroværdigt og blottet i sin utrolighed.

12. Følgen heraf bliver da den, at de ikke engang opnår det, de allermest eftertragter; for de, hvem de roser, fatter tværtimod had til dem og vender sig med uvilje bort fra dem som fra smigrere; og deri handler de rigtigt. Navnlig gør de da dette, hvis de er mandige i deres tænkemåde, sådan som Alexander var. Da nemlig Aristobulos[22] i sit historieværk havde skildret tvekampen mellem ham og kong Poros[23] og så forelæste ham særlig dette sted af sit skrift (han tænkte nemlig, at han i højeste mål skulle gøre kongen til behag ved at tillyve ham visse heltegerninger foruden dem, han virkelig havde udført, og ved at lave hans bedrifter om til mere storartede, end de i virkeligheden var), så greb Alexander bogen og slyngede den ufortøvet ud i vandet (de var nemlig just ude at sejle på floden Hydaspes), idet han dertil sagde disse ord: »Således burde også du selv behandles, Aristobulos, du, som fører den slags tvekampe for mig og dræber elefanter med ét eneste, usselt kastespyd!« Men man måtte da også naturligt vente, at Alexander

ville vredes således, han, som jo heller ikke kunne udholde at høre på den dristige plan af den bygmester, der havde tilbudt ham at ville lave bjerget Athos om til et billede af ham selv og omforme det således, at det kom til at ligne kongen; nej, han indså straks, at manden var en smigrer, og derfor ville han heller ikke længere bruge ham til sine andre byggeforetagender i samme udstrækning som tidligere.

13. Hvor kan da nu nogen finde det så meget omtalte »fornøjelige« i disse ting? Det kan sikkert ingen, medmindre han da skulle være en ganske tåbelig person, så han kunne finde en glæde i at modtage den slags ros, hvis gendrivelse er den letteste sag af verden, — således som det er tilfældet med grimme mennesker og særlig da med grimme fruentimmer, når de opfordrer malerne, der skal male dem, til at gøre dem så smukke som muligt på deres billede; de bilder sig nemlig ind, at de virkelig vil blive smukkere af udseende, hvis maleren anbringer lidt mere rødme på dem og tillige blander meget hvidt ind i farven[24].

Af den her skildrede art er de fleste af vor tids historieskrivere, folk, som blot tager hensyn til dagen i dag[25] og blot søger at fremme deres egen private fordel, den, som de venter sig af deres historieskrivning. Man burde hade disse mennesker, som nu i øjeblikket kun er håndgribelige og plumpe spytslikkere, og som for al eftertid bringer hele denne litterære syssel i miskredit ved deres overdrivelser. Men hvis man absolut mener, at det fornøjelige bør være medoptaget i historieskrivningen, hvor meget andet fornøjeligt, som ikke krænker sandheden, findes der så ikke i den sproglige fremstillings prydelser? Dem forsømmer imidlertid flertallet af historieskriverne, og i stedet derfor propper de andre ting ind, der slet ikke hører hjemme her.

14. Nå, men for nu at komme videre, så vil jeg også fortælle, hvad jeg kan huske at jeg for nylig har hørt ovre i Ionien, ja og ved Zeus endog i Achaia[26], af visse »historieskrivere«, som skildrede netop den krig, hvorom det her gælder. Og ved Kariterne, ingen må nære mistro til det, der nu vil blive berettet; for, at det er sandhed, det ville jeg endogså gerne aflægge ed på, hvis det var pænt at anbringe en ed i et skriftværk.

Der var altså for det første en af disse skribenter, som lige straks begyndte med *Muserne*[27] og anråbte disse gudinder om at hjælpe ham med sit historieværk. Du ser jo nok, hvor godt denne begyndelse falder ind i tonarten, hvor den sidder som støbt om foden på historien, hvor smukt den passer til hele denne litteraturgrens karakter! Lidt længere fremme i fortalen sammenlignede han så vor egen overanfører[28] med Achilleus, men parthernes konge med Thersites[29]: han forstod altså ikke, at hans »Achilleus« ville stå i et langt bedre lys, hvis det snarere var en Hektor end en Thersites, han overvældede, og hvis det var, som der står hos Homer[30], at

foran flygted en helt, men en helt langt større ham
jaged.

Derefter gik han over til en lovtale over sig selv og udviklede, hvor værdig han var til at give en skildring af heltebedrifterne i krigen, så strålende som de var. Og så noget længere henne gav han sig også til at lovprise sin fædrendeby Milet, idet han tilføjede, at i det mindste på dette punkt skilte han sig bedre fra arbejdet end Homer, som jo ikke med et ord havde omtalt sin hjemstavn. Endelig ved slutningen af sin fortale lovede han udtrykkeligt med rene og klare ord, at han ville løfte vor egen hærs bedrifter op til større højde, men barbarerne derimod ville også han for sit vedkommende[31] slå ned i krigen efter bedste evne. Og derefter begyndte han virkelig sin historiske fortælling med følgende sætning, idet han tillige skildrede årsagerne til krigens udbrud: *»Den højst nederdrægtige og forbandede karl Vologaisos begyndte nemlig krigen af følgende grund.«*

15. Således bar nu denne mand sig ad. Dernæst var der en anden, en mesterlig efterligner af Thukydid, der, som et fuldstændigt tro afbillede af sit forbillede, ganske ligesom han begyndte sit værk med at nævne sit eget navn og leverede den allernydeligste begyndelse, man kan tænke sig, rigtig duftende af den attiske timian! Hør nemlig engang: *»Krepereios Kalpurnianos fra Pompeïupolis har her i sammenhæng beskrevet krigen mellem partherne og romerne og skildret, hvorledes de har ført den mod hverandre. Han har taget fat på værket lige straks ved krigens begyndelse osv.«*[32] Når nu begyndelsen var af den beskaffenhed, hvorfor skulle jeg så fortælle dig om resten? — som f. eks. hvad for en

slags taler han holdt i Armenien, hvor han lod selve den livagtige kerkyraier optræde som taler[33], eller hvad for en pest han skaffede nisibenerne på halsen, fordi de ikke havde taget romernes parti[34], en pest, som han helt og holdent, lige fra gulv til loft, havde lånt trækkene til fra Thukydid, alene på det nær, at han ikke havde noget om Pelargikon og de lange mure[35], hvor de, der på Thukydids tid blev pestsyge, havde fået bolig; men for resten gik det også her ligesom den gang, at *»pesten oprindelig havde sit udgangspunkt i Æthiopien, men siden udbredte den sig til Ægypten og til den største del af partherkongens land«*, — og dér blev den da[36], gudskelov! — *Jeg* i det mindste forlod ham, medens han endnu var i færd med at begrave sine stakkels nisibenske athenaiere, og gik min vej, da jeg på en prik vidste alt hvad han ville sige efter min bortgang[37]. Dette er nemlig også noget, der forekommer temmelig hyppigt nu for tiden, at man bilder sig ind, man »efterligner« Thukydids stil i sin tale, når man siger netop det, *han* selv har sagt, blot med nogle ubetydelige omlavninger i ord og navne; heller ikke dette er en ringe fejl, hvad du vist også selv vil indrømme. Men, det er sandt — så var der én ting til, som jeg nær havde glemt at omtale: denne selv samme historieskriver, jeg her beskæftiger mig med, havde i sit skrift betegnet mange både af våbnene og af krigsmaskinerne med ganske de samme navne, som romerne betegner dem med, ja, han havde endogså kaldt en grav, en bro og andet deslige med de latinske navne. Tænk nu engang over, hvilket værdighedspræg dette gav hans historieskrivning, og hvor udmærket det passede sammen med Thukydid, at disse latinske udtryk var anbragt midt imellem de attiske: de skulle naturligvis smykke det attiske sprog, tage sig godt ud ved siden af det og fuldkomment falde sammen i tone med det ligesom en purpurbræmme på en klædning!

16. Der var fremdeles en anden iblandt dem, som havde sammenskrevet en ganske bar fortegnelse over de indtrufne begivenheder, fuldstændig prosaisk og krybende hen ad jorden, et skrift af den art, som også den første den bedste menige soldat eller en tømrer eller en marketender, der flakkede om med hæren, kunne have sat sammen, når han holdt en dagbog. Men alligevel kunne man dog bedre finde sig i denne jævne lægmand, der selv lige straks gav sig til kende som den, han var, og kun havde gjort forarbejdet for en anden mere dannet skribent, som ville kunne håndtere historieskrivningen. Kun dette havde jeg at udsætte på ham, at han havde givet bøgerne i sit historieværk en mere pompøs overskrift, end der passede til skrifternes karakter, omtrent som så: »*Parthiske historier af Kallimorfos, læge ved den sjette kohorte af spyddragerne,* (den og den) bog« (så kom nummeret på hver enkelt bog). Jo, så var der desuden det, at han havde gjort sin fortale umådelig flov ved i den at opstille følgende syllogisme: »*at det ganske særlig tilkom en læge at skrive historie; thi Asklepios var jo en søn af Apollon, og Apollon var Musernes fører og ophav til og skytsgud for al videnskab*«; — og endelig var der det, at medens han havde

begyndt at skrive i ionisk dialekt[38], var han lige øjeblik-
kelig derefter (jeg forstår ikke, hvad der stak ham) gået
over til det almindelige skriftsprog, således at han ved
siden af nogle enkelte ioniske dialektord i øvrigt havde
brugt de samme udtryk, som den store hob bruger, ja
for størstedelen endog den slags, som man opsamler på
gadehjørnerne.

17. Dersom jeg nu i modsætning til denne lægmand
også skal omtale en »vismand«, nå, ja lad mig så for-
dølge hans navn[39], men derimod vil jeg tale om hans
hele tænkemåde og om de skrifter af ham, jeg for nylig
har hørt oplæse i Korinth, skrifter, som overtraf enhver
forventning. Lige straks i begyndelsen, i den første
periode af indledningen, ledte han nemlig gennem en
syllogisme læserne og tilhørerne til anerkendelse af en
højvis sætning, idet han stræbte at bevise, at det alene
var den vise, det anstod at skrive historie. Så kom der
lidt efter en anden syllogisme, og derpå én til; ja over-
hovedet bevægede hele hans indledning sig frem gen-
nem en række syllogismer af enhver mulig form. Alt,
hvad der går ind under begrebet smigreri, var der frem-
deles fuldt op af indtil væmmelse, og lovtalerne var
plumpt påtrængende og fuldstændig spytslikkeragtige,
og heller ikke *de* var fri for syllogismer, nej, de var lige-
ledes fremsat i syllogismens form. Og sandelig forekom
også dette mig at være plumpt og allermindst at passe
for en vis mand og hans lange, grå skæg, at han i ind-
ledningen fremkom med den ytring, at *dette ville være
en ganske særlig udmærkelse, der blev vor kejser til del, at*

nu endogså filosoffer holdt det for en værdig opgave for sig at skrive om hans bedrifter; skulle nemlig noget sådant overhovedet med, var det dog smukkere at overlade os andre at tænke det til end selv at sige det.

18. Det går sandelig heller ikke an at lade den mand uomtalt, der havde begyndt sit skrift på følgende måde: *»Jeg skrider nu til at tale om romerne og perserne«*; og lidt længere fremme hed det: *»thi det var nu skæbnens vilje, at det skulle gå perserne ilde«*; og så stod der fremdeles: *»Der var en mand Osroës, hvem hellenerne kalder Oxyroës«*, og meget andet af samme slags. Dér ser du: denne skribent var af samme art som ham, jeg før skildrede, bare med den forskel, at medens hin var en tro kopi efter Thukydid, var denne det efter Herodot[40].

19. Så var der fremdeles en anden, en mand, der stod højt i ry for sin dygtighed som taler; han var ligeledes et sidestykke til Thukydid eller endda en lille smule bedre end denne. Alle byer, alle bjerge, alle sletter og floder havde han nemlig skildret på den klareste og mest fængslende måde — det bildte han sig i ethvert fald selv ind; men — gid Ondtafvenderen[41] måtte lade læsningen deraf komme over mine fjenders hoved! Så flove var disse beskrivelser, så vandede, at end ikke Nilfloden eller oceanet indeholder så meget vand! Sandheden heraf vil man kunne fatte, når man hører, at han i en hel bog med nød og næppe havde fået fuldendt beskrivelsen af kejserens skjold med samt gorgonhovedet på skjoldbuklen og dets øjne af blå, hvid og sort emalje, og lysbræmmen om hovedet, som spillede i regnbuens

farver, og slangerne, der snoede sig om det i spiraler og krøller. Og nu Vologaisos' benklæder eller tømmerne på hans hest — du gode Herakles, hvor mange titusinder af linjer optog ikke beskrivelsen af enhver af disse ting, og ligeså skildringen af, hvorledes Osroës' hår så ud, medens han svømmede over Tigris, og udmalingen af den grotte, hvori han søgte tilflugt, med vedbenden og myrterne og laurbærtræerne, som havde slynget sig sammen i ét krat og udbredte en fuldkommen tæt skygge over den! Tænk engang på, hvor nødvendige disse ting var for historien, og hvorledes man uden dem slet ikke ville vide besked om nogen af de begivenheder, der var foregået på vedkommende steder!

20. Til denne slags detailskildringer af steder og andre ting vender nemlig slige folk sig i følelsen af deres svaghed i skildringen af det nyttige eller på grund af uvidenhed om, hvad der bør siges; og når de da tilfældigt kommer ind på behandlingen af et rigt og storslået stof, bærer de sig ad som en træl, der nylig har arvet sin herre og er kommet til rigdom: han forstår hverken at iføre sig og bære sin overklædning, som det bør sig[42], ikke heller kan han spise på sømmelig vis, men med plump grådighed går han løs på retterne, og mangen en gang, når han har fuglevildt og vildsvinesteg og haresteg på sit bord, overfylder han sig alligevel med noget ussel ærtevælling og saltfisk[43], indtil han revner ved at æde det. — Men for nu at komme tilbage til ham, jeg omtalte før, så skildrede han også i sin historie nogle højst utrolige sår og dødsmåder, som for eksempel

hvorledes en, der var blevet såret i den store tå, døde lige på stedet, og hvorledes syv og tyve mand af fjenderne dånede og var lige ved at dø af skræk, blot fordi feltherren Priscus havde istemt kampråbet[44]. Fremdeles løj han også i sine opgivelser om tallet på de faldne, ja på dette punkt endnu stærkere end beretningerne i feltherrernes slagbulletiner; for ved Europos[45], fortalte han, var der af fjenderne faldet 70.236 mand, men på romernes side kun 2 mand, foruden at de havde 9 sårede. Dette er dog, skulle jeg mene, noget, som intet fornuftigt menneske kan lade sig byde!

21. Det er også nok værd at nævne følgende, da det ikke er en ren ubetydelighed. Denne mand ville være en fuldblods »attiker« og skrive det mest fuldkomment rensede sprog; i den anledning havde han da fundet sig beføjet til endog at lave om på romernes navne og ved omskrivning give dem et hellenisk udseende. Således havde han f. eks. kaldt *Saturninus* for »*Kronios*«[46], *Fronto* for »*Phrontis*«, *Titianus* for »*Titanios*«, og der var andre endnu langt mere latterlige ting. Endvidere havde denne samme person, hvor han talte om Severianus' død[45], skrevet, at alle de andre berettere havde taget fejl, idet de troede, at han var omkommet for sit eget sværd; nej, han havde tværtimod sultet sig selv ihjel; for dette, havde han tænkt, ville være den mest smertefri dødsmåde. Altså vidste den gode mand ikke, at der til hele *den* ulykke i krigen[47] i det højeste medgik tre dage, hvorimod folk i almindelighed kan udholde at undvære føde en hel uge igennem! For der er dog vel

ingen, der vil antage, at Osroës blev stående uvirksom og ventede på, at Severianus skulle omkomme af sult, så at han af den grund lod hele ugen gå hen uden at føre sin hær frem imod ham.

22. Og nu dem, der i historieskrivning anvender udtryksmåder, som hører hjemme i digtningen, ja, hvad skal man vel sige om dem, bedste Filon? Som for eksempel dem, der udtrykker sig således[48]: »Vædderen *kom* muren *til at skælve,* og den styrtede sammen med *mægtigt drøn*«; og fremdeles i et andet afsnit af det samme smukke historieværk: »Således var da nu Edessa *trindt omgivet af våbnenes gny,* og *brag og bulder* var alt dér« —; og videre: »Krigsøversten *grublede over*, på hvilken måde han helst skulle føre hæren frem imod borgen«. Men så var der til afveksling i stor mængde proppet sådanne simple udtryk fra det dagligdags sprog og tiggersproget ind imellem det øvrige, som for eksempel: »lejrkommandanten sendte bud til *hs. majestæt*«, og: »soldaterne indkøbte *nødvendighedsartikler* til deres mad«, og: »efter at de omsider havde *vasket sig, gav de sig i kast* med dem« og andet af den slags, så at det hele bedst kunne lignes ved en skuespiller, som havde en koturne på den ene fod og en tøffel på den anden.

23. Fremdeles vil man også kunne træffe andre, som giver deres historieværker strålende, pompøse og til overdrivelse lange indledninger, således at man venter sig, at det, man efter dette vil få at høre, sikkert må blive noget vidunderlig storartet; men selve historieværkets legeme, som de derefter kommer frem med, er både rin-

ge i omfang og mangler al adel og kraft. Følgen bliver da også her en lignende, idet arbejdet kommer til at se ud som et narreværk af den slags, du måske nok har set på malerier, hvor Eros er fremstillet legende, udstyret med en vældig heraklesmaske eller pansmaske omkring hele hovedet[49]. Derfor lader tilhørerne også straks forfatterne af slige værker høre det bekendte ordsprog: »Bjerget var i barnsnød osv.«[50], men sådan, mener jeg, skal det ikke være; nej, alt skal være ensartet og have samme farve, hovedet skal stemme sammen med det øvrige legeme, rustningens enkelte dele skal harmonere med hinanden, således at, når hjelmen er af guld, må brystpanseret ikke på aldeles latterlig måde være sammenflikket af pjalter hist og her fra eller af rådne læderstykker eller skjoldet være flettet af vidjegrene og benskinnerne lavede af svineskind. Den slags skribenter kan man nemlig finde fuldt op af, som sætter hovedet af den rhodiske Kolos[51] oven på et dværgelegeme; og omvendt er der andre, som giver os legemer uden hoved, værker, som savner indledning og øjeblikkelig tager fat på genstanden. Disse beråber sig i den anledning på forskellige af de gamle forfattere og særlig på Xenofon, som har begyndt sin Anabasis på følgende måde: *»Dareios og Parysatis fik to sønner«* osv.; men de forstår altså ikke, at der gives en slags begyndelser, som er indledninger efter deres indre væsen, om end ikke efter den ydre form, hvorfor da også hoben ikke opdager, at de er det —, noget, som jeg skal påvise et andet sted[52].

24. Nå, alt dette er imidlertid endnu til at tåle, alle disse fejl enten i sproget eller desforuden også i stofanordningen; men når de så også lyver med hensyn til stedangivelserne, således at der i deres opgivelser er fejl ikke blot på nogle få mil, men på hele dagsrejser, er så dette smukt og rigtigt? Således var der for eksempel en — ja han kan vist hverken have talt med nogen syrer eller, som det bekendte mundheld siger, have lyttet til dem, der sidder i barberstuerne og sladrer sammen om den slags ting: så letfærdigt havde han skildret de geografiske forhold, at han dér, hvor han talte om Europos, udtalte sig således: *»Europos ligger i Mesopotamien i en afstand af to dagsmarcher fra Eufrat, og det er en koloni, som er anlagt fra Edessa«*[53]. Og endda var dette ham ikke nok; men også min egen fødeby Samosata havde den samme mand i den samme bog løftet i vejret fra dens plads, den brave karl, og henflyttet den med samt dens borg og dens bymure til Mesopotamien, således at den lå omflydt af både Eufrat og Tigris, som hver på sin side løb lige tæt forbi den og så at sige rørte ved dens mure! Det ville dog virkelig være latterligt, om jeg nu skulle forsvare mig over for dig, kære Filon, og godtgøre, at jeg ikke er en parther, ej heller en mesopotamit, blandt hvilke folk han i en flyvende fart har hensat mig som nybygger, denne beundringsværdige historieskriver!

25. Det er sandt — denne selvsamme mand havde også meddelt følgende fuldstændig troværdige beretning om Severianus, og han svor på, at han sandelig

havde hørt den fortælle af en af dem, der heldigt var sluppet bort fra selve den ulykkelige kamp. Severianus, fortalte han, havde hverken dræbt sig selv med sværdet eller drukket gift eller hængt sig, men fundet på en rigtig tragisk dødsmåde, som krævede et uhørt mod. Det traf sig nemlig således, at han ejede nogle meget store pokaler af det dejligste krystalglas; og da han nu fuldt og fast havde besluttet at søge døden, havde han slået den største af disse pokaler i stykker, og ét af skårene havde han så brugt til sit selvmord, idet han havde skåret halsen over på sig med glasset. Så umuligt var det altså for ham at finde et usselt sværd eller en elendig lanse, for at han dog i det mindste kunne have fået en død, som passede sig for en mand og en krigshelt!

26. Dernæst, eftersom jo Thukydid har holdt en gravtale over dem, der var de første faldne i krigen på hans tid, havde også denne mand ment at burde holde en ligtale over Severianus; for alle disse historieskrivere vil jo nu kappes med den stakkels Thukydid, som dog ikke har det mindste at gøre med vore ulykker i Armenien. Efter at manden altså havde givet Severianus en overmåde prægtig jordefærd, havde han ladet en centurion Afranius Silo (en medbejler til Perikles!) træde op på hans gravhøj; og *han* deklamerede så en ligtale over ham af den beskaffenhed og den længde, at jeg, ved Kariterne, måtte græde mine modige tårer — naturligvis af latter, navnlig på det sted, hvor deklamatoren, Afranius, lige ved slutningen af sin tale under tårer og voldsomme jammerklager omtalte de prægtige spisegilder

og drikkelag, Severianus havde givet, og så til sidst satte slutningskrøllen på sit værk i smag med Aias i Sofokles' tragedie: han drog nemlig sit sværd og rigtig højsindet, sådan som man kunne vente sig af en Afranius, slagtede han sig selv i alles påsyn ved graven! Nå, han havde da også, ved Enyalios[54], ærlig fortjent at lide døden, endogså længe forud, hvis han virkelig har holdt en sådan tale! Alle de tilstedeværende, fortalte historieskriveren fremdeles, havde ved synet heraf opløftet beundringsråb og holdt høje lovtaler over Afranius; — men jeg for mit vedkommende måtte vel også fordømme ham for alt det andet, sådan som han stod dér og næsten opregnede de forskellige slags supper og postejer og græd ved erindringen om kagerne, men allermest lagde jeg ham dog det til last, at han ikke, før han selv døde, havde slagtet denne historieskriver, mesteren for hele farcen!

27. Jeg kunne godt, kære ven, endnu opregne dig mange andre, som lignede dem, jeg her har omtalt; men alligevel vil jeg kun omtale nogle få stykker til og derefter gå over til den anden del af min opgave, rådgivningen om, hvorledes man skal skrive historie på en bedre måde. Der gives nemlig visse folk, som enten helt forbigår eller dog løber let hen over de virkelig store og mindeværdige ting blandt det, der er foregået, men derimod, på grund af mangel på kunstsans og fordi de ikke har takt og smag og ikke forstår at skønne om, hvad der bør fortælles og hvad der bør forties, dvæler med den største sejhed og pinligste nøjagtighed ved skildringen af de ubetydeligste småting; de bærer

sig ad på samme måde, som hvis en, der skulle beskrive Zeusbilledet i Olympia[55], ikke havde øje for den store og glimrende skønhedshelhed i kunstværket og derfor heller ikke lovpriste den eller forklarede den for dem, der ikke kendte den, men derimod udbredte sig med beundring over det gode arbejde og den nydelige polering ved billedets fodskammel og det smukke harmoniske forhold ved fundamentet og forklarede disse ting med overmåde stor omhu og nøjagtighed.

28. Således har jeg for eksempel hørt en, der havde affærdiget skildringen af slaget ved Europos i ikke fulde syv linjer, men derimod anvendt en halv snes timers tid eller endda mere på en ganske flov fortælling, som ikke kom os den mindste smule ved. Den handlede om en maurisk rytter ved navn Mausakas og skildrede, hvorledes denne, da han plaget af tørst flakkede omkring hen over bjergene, havde truffet på nogle syriske bønder, som var i færd med at spise deres frokost; i førstningen var disse blevet bange for ham, men senere, da de havde fået at vide, at han hørte til vennernes hær, havde de modtaget ham gæstfrit og beværtet ham; det traf sig nemlig så heldigt, at en af dem engang havde været på en udenlandsrejse til maurernes land, hvor en broder til ham var i krigstjeneste. Herefter kom der så nogle vidtløftige historier og fortællinger om, hvorledes denne syrer havde været ude på jagt i Mauretanien[56], og hvorledes han dér havde set masser af elefanter græsse i flok på samme plet, og hvorledes han nær var blevet ædt op af en løve, og hvilke store fisk han havde købt i Cæsa-

rea: overhovedet lod denne vidunderlige historieskriver slaget ved Europos[57] med de blodige kampe, som dér forefaldt, og rytternes indhug og den nødtvungne våbenhvile mellem de stridende parter og udstillingen af vagtposter både på den ene og den anden side — alt dette lod han helt upåagtet og blev derimod stående til sent hen på aftenen og så på syreren Malchion, mens han på torvet i Cæsarea købte pragteksemplarer af papegøjefisk for en billig penge; og hvis ikke natten var faldet på, var vel nok omsider papegøjefiskene blevet tillavet, og han havde siddet og spist til aften sammen med Malchion. Hvis alt dette ikke var blevet omhyggeligt taget med i hans historieværk, ville vi naturligvis have været i uvidenhed om overmåde vigtige ting; og det ville have været et ubodeligt tab for romerne, hvis maureren Mausakas ikke havde fundet noget at drikke, da han var tørstig, men havde måttet vende tørmundet tilbage til lejren. Og dog — hvor mange andre ting forbigår jeg ikke her med vilje, ting, som åbenbart endnu langt mindre kom historien ved: som for eks. hvorledes der også fra den nærliggende landsby kom en fløjtespillerske til deres gæstebud, og hvorledes de gensidig gav hinanden gaver, idet maureren forærede Malchion en lanse og denne til gengæld Mausakas et kappespænde, og meget andet af den slags, netop, som du nok ser, de allervigtigste omstændigheder ved slaget ved Europos! Ja, man har sandelig god grund til at sige om den slags historieskrivere, at rosen selv ser de ikke, men tornene nede ved roden af den betragter de med forstørrelsesglas!

29. Der var fremdeles en anden, kære Filon, som ligeledes var en højst latterlig person. Aldrig nogensinde havde han haft sin fod uden for Korinth, ikke engang så meget som gjort en udenlandsrejse til Kenchreai[58], end mindre da set Syrien eller Armenien; men alligevel havde han begyndt sit værk med følgende ord (jeg husker dem tydeligt): »*Ørene er mindre til at lide på end øjnene; derfor skriver jeg kun hvad jeg har set, ikke hvad jeg har hørt.*« Og så nøjagtigt havde han set alt, at han gav følgende fortælling til bedste om parthernes slanger[59] (slangen er hos dem feltbanneret for en vis stor hærafdeling; for til en slange hører der, så vidt jeg tror, 1000 mand). Det var, fortalte han, nogle overmåde store, levende slanger, hvis hjemsted fandtes i Persien, lidt hinsides Iberien[60]; disse slanger holdtes en tid lang svævende højt oppe i vejret på enden af lange stænger, som de var tøjrede fast til, og indjog fjenderne skræk på lang afstand, medens krigerne var under fremrykning, men under selve kampen, når man var kommet i håndgemæng, løste man dem og slap dem ind på fjenderne; og det var ganske vist, at mange af vore folk på den måde var blevet slugt, og andre var blevet kvalt og knust, idet slangerne havde snoet sig omkring dem. Dette, sagde han, havde han selv personligt nærværende set med sine egne øjne, dog således, at han havde holdt udkig fra et sikkert sted, oppe fra toppen af et højt træ. Og det var såmænd vel gjort af ham, at han ikke havde indladt sig i kamp med de frygtelige vilddyr, for i så fald ville

vi nu ikke have haft denne vidunderlige historieskriver, som oven i købet med egen hånd havde udført storartede og glimrende bedrifter i denne krig; han havde nemlig også bestået mange farer og var bleven såret i slaget ved Sura[61], — naturligvis mens han engang gik sig en spadseretur fra Kraneion til Lerna[62]. Og dette læste han op i påhør af korinthierne, som med bestemthed vidste, at han ikke engang havde set en krigsscene afmalet på en væg, som man siger! Ja han kendte ikke engang noget til våben eller til krigsmaskiners indretning og udseende eller til navnene på de større eller mindre hærafdelinger; og om han byttede betegnelserne for de forskellige falanksstillinger om og nævnede et navn, hvor han skulle have brugt et andet, det var ham fuldstændig ligegyldigt.

30. Der var én mand til, en ganske fortræffelig mand, som i sammentrængt fremstilling havde skildret alle krigens begivenheder fra begyndelsen til enden, alt hvad der var foregået i Armenien, i Syrien, i Mesopotamien, ved Tigris, i Medien: alt dette havde han indesluttet i ikke fuldt 500 linjer, og med dette værk i hånden påstår han, at han har skrevet historie! Dog var titlen, han havde givet sit skrift, lang, næsten længere end selve bogen; den lød således: »Fortælling om de af romerne i den nyeste tid udførte bedrifter i Armenien og Syrien og Mesopotamien og Medien, af Antiochianos, sejrherre i Apollons hellige lege« —; han har vel, kan jeg tro, engang i sin barndom vundet prisen i længdeløbet[63]!

31. Ja det går så vidt, at jeg endogså har hørt en, som i sit historieværk havde skildret det, der endnu ligger i fremtidens skød, nemlig Vologaisos' tilfangetagelse og Osroés' henrettelse, hvorledes han engang vil blive kastet for løven[64], og så til syvende og sidst triumftoget, som vi alle længes så inderligt efter: så spådomskyndig var han altså under sin stræben efter allerede nu at komme til ende med sit værk! Ja, yderligere har han allerede ovre i Mesopotamien grundlagt en by, som i storhed overgår alt andet stort, i skønhed alt andet skønt; dog har han det endnu bestandig under overvejelse, hvad navn han skal give den, og kan ikke blive enig med sig selv, om han skal kalde den *Nikaia* eller *Homonoia* eller *Eirenia*[65]. Dette står altså indtil videre uafgjort hen, og foreløbig må vi savne navnet på denne dejlige by, som bugner af det overmål af vrøvlagtighed og dumhed, forfatteren kan præstere; men derimod har han lovet os straks at ville skrive om de bedrifter, der vil blive udført i Indien[66], og om sejladsen langs med alle kyster af det store verdenshav i Østen. Ja, og her er han ikke blevet stående ved det blotte løfte, men har endog allerede fået indledningen til sin »Indiske Historie« skrevet færdig, og den tredje legion med samt gallerne og en ikke ringe del af maurerne — alle disse er allerede under Cassius' anførsel gåede over Indosfloden; men hvad de så derefter vil gøre, eller hvorledes de vil tage imod elefanternes angreb, når disse stormer frem imod dem, derom vil vor mageløse historieskriver om ikke ret lang tid sende os en beretning fra Muziris[67] eller fra

oxydrakernes land.

32. En mængde vås af den slags, jeg her har omtalt, disker folk op med i deres mangel på takt og dannelse, som gør, at de hverken kan se det, der er værd at se, eller, selv om de skulle se det, er i stand til at fremstille det på tilbørlig vis, hvorimod de så opdigter og udmaler alt, hvad der i utide kommer dem på tungen, som man siger; og så gør de sig oven i købet vigtige med antallet af bøgerne i deres historieværker og særlig da med titlerne på dem. Også disse er nemlig højst latterlige, som for eksempel denne: »N. N.'s historie om *parthiske sejrvindinger* i (så og så mange) bøger«, eller denne: »N. N.'s *Parthis,* første bog, anden bog osv.«, et navn, der naturligvis skal være et sidestykke til »*Atthis*«[68]. Og der er andre, som har givet deres værker endnu meget vittigere navne. Men nu kan det være nok med hvad jeg har sagt om disse historieskrivere; og jeg vil blot til slutning tilføje, at, når jeg har udviklet alt dette, er det ikke for »at håne folk, der er dygtigere end jeg selv«, ikke heller for »at gøre så smukke historiske skrifter til genstand for latter og spot«[69], men alene af hensyn til nytten; for det er klart, at enhver, der stræber at undgå de her påpegede fejl og andre af lignende art, dermed allerede på forhånd har gjort et stort skridt hen imod at skrive historie på rette vis, eller, rettere sagt, han mangler endnu kun ganske lidt i at have nået målet, hvis det da ellers er sandt, hvad logikken lærer os, at, når man har to modsætninger, hvorimellem der ikke gives nogen mellemting[70], må ophævelsen af det

ene modsætningsled ubetinget medføre indtrædelsen af det andet. —

33. »Se så«, vil vel nu en eller anden sige, »nu har du omsider fået pladsen fuldstændig ryddet; alle tornene og tidslerne, som stod på den, er nu hugget om, alle resterne af de andres bygninger er slæbt væk, alle ujævnheder, som grunden før frembød, er glattet ud. Byg derfor nu du selv noget op, for at du kan vise, at du ikke blot er en brav karl til at vælte andres værk over ende, men også selv kan finde på noget dygtigt, noget, som ingen, end ikke selve Momos[71], ville have noget at udsætte på.«

34. Så vil jeg da sige følgende. Den, der skal kunne skrive historie på udmærket måde, må hjemmefra møde udrustet med disse to egenskaber, som er de allervæsentligste: *naturligt politisk blik og evne til at udtale sine meninger klart i ord*[72]. Af disse egenskaber er den første en naturens gave, som ikke kan tillæres; den anden derimod skal være erhvervet ved megen øvelse og vedholdende anstrengelse og stræben efter at ligne de gamle mønstre. Disse to egenskaber har altså intet med teoretiske forskrifter at gøre, og med hensyn til dem behøver jeg slet ikke at give noget råd; thi at ville give *dem* politisk forstand og skarpsyn, der ikke er udrustet dermed af naturen, det lover denne min bog ikke; den ville da også være *meget*, ja lad mig hellere sige *alt muligt* værd, hvis den var i stand til at omskabe og omdanne slige naturer eller kunne lave guld af bly eller sølv af tin eller gøre en dværg til en kæmpe, en skrælling

til en kraftkarl.

35-36. Men hvortil er da de teoretiske forskrifter og de gode råd nyttige? Ikke til at frembringe de egenskaber, der ikke er stede, men bør være til stede, men derimod til at give anvisning om den tilbørlige brug af dem, når de er til stede. De lover dig nemlig noget lignende, som jo sikkert også en Ikkos, en Herodikos[73], en Theon eller en anden dygtig gymnastiklærer ville love: aldrig ville disse folk, hvis de fik en Perdikkas under behandling (dersom det ellers er denne Perdikkas, og ikke Antiochos, Seleukos' søn, som var blevet forelsket i sin stedmoder og af den grund tæredes hen[74]), påtage sig at gøre ham til en mand, der kunne vinde sejren i de olympiske væddekampe og optage en kamp mod en Theagenes fra Thasos eller en Pulydamos fra Skotusa[75]; men hvis man derimod gav dem et læreemne, der af naturen var godt anlagt for at modtage gymnastikkens uddannelse, ville de love med kunstens hjælp at gøre vedkommende langt fuldkomnere. Således være da også en slig anmassende påstand langt fra os, at vi skulle ville udgive os for at have opfundet en kunst, der kunne frembringe et så stort og vanskeligt resultat; vi lover nemlig ikke, at vi skal gøre den første den bedste, vi får i lære hos os, til en historieskriver, men derimod lover vi at ville anvise den, der af naturen er udrustet med politisk forstand og derhos på bedste måde har indøvet sig til litterær virksomhed, visse rette veje (hvis der da ellers viser sig at være sådanne), ad hvilke han, dersom han følger dem, hurtigere og lettere kan nå til sit endelige mål. Thi det turde dog vel ingen hævde, at den, der af naturen er udstyret med forstandighed, ikke trænger til teoretisk belæring og undervisning om det, han er uvidende om; for hvis dette var tilfældet, ville han jo også kunne spille på kithar eller på fløjte og overhovedet forstå sig på alt muligt uden at have modtaget belæring. Men nu er det så, at han uden belæring ikke ville kunne udøve nogen af disse håndens kunster, hvorimod han efter anvisning af en eller anden både meget let kan lære dem og derefter også udøve dem godt på egen hånd.

37. Lad altså også os nu have fået en sådan lærling, som ikke er dårligt udrustet med politisk forstandighed eller evne som taler, men tværtimod har et skarpt blik, således at han også praktisk ville kunne styre statens sager, hvis man overdrog ham ledelsen af dem. Derhos må han ved siden af at have det politiske blik også kunne tænke og føle som en feltherre, ikke som en simpel menig soldat; og så må han naturligvis også engang selv have været med i en hær og have set soldaterne, når de holder øvelser eller tager opstilling, samt vide, hvordan våbnene og krigsmaskinerne ser ud, vide, hvad man forstår ved en kolonnestilling og en linjestilling, hvorledes fodfolkets bataljoner og hvorledes rytterne manøvrerer, når de skal rykke ud til angreb eller foretage en omgående bevægelse, osv.; overhovedet må han ikke være et stuemenneske eller en af dem, der ikke kan andet end tro på, hvad andre fortæller dem.

38. Men allermest og fremfor alt andet må han dog være en fri mand i hele sin tænkemåde og hverken være

bange for noget menneske, ej heller gøre sig noget håb; for ellers vil han komme til at ligne de slette dommere, der i deres domme lader sig lede af gunst eller af had eller tager mod bestikkelse. Det må ikke anfægte ham det mindste, om en Filip af Makedonien vil blive nok så vred, hvis han bliver skildret således, som han så ud, efter at han ved Olynthos havde fået sit ene øje skudt ud af bueskytten Aster fra Amfipolis[76], ej heller om Alexander vil tage sig det nær, hvis man ærligt og sandfærdigt skildrer hans grusomme drab på Kleitos under gæstebuddet. Heller ikke vil en Kleon, om denne end har stor indflydelse i folkeforsamlingen og behersker talerstolen dér, kunne skræmme ham således, at han af hensyn hertil skulle undlade at kalde ham for en stor slyngel og en gal mand; ja han vil end ikke ræddes for hele athenaiernes stat, hvis han fortæller om de ulykkelige krigsbegivenheder på Sikelien, om Demosthenes' og Nikias' tilfangetagelse og henrettelse, om soldaternes tørst på tilbagetoget, og hvad det var for vand, de drak, og hvorledes de blev nedslagtet i hobetal, mens de drak det. Han vil nemlig mene (og deri har han jo også fuldkommen ret), at intet fornuftigt menneske vil kaste nogen skyld over på *ham*, hvis han skildrer de uheldige eller uforstandige foretagender således, som det virkelig er gået til med dem: for det er jo ikke ham, der har været ophavsmand til dem, nej, han giver kun beretning om dem; og, hvis altså de, han fortæller om, engang bliver overvundet i et søslag, er det ikke ham, der borer deres skibe i sænk, og hvis de kastes på flugt, er det ikke ham, der forfølger dem. *Ham* kan de altså ikke laste, — medmindre han måske skulle have undladt at udtale gode ønsker for dem, skønt dette var hans pligt[77]. Ja, hvis han endda kunne råde bod på ulykkerne eller fejlgrebene ved at fortie dem eller vende dem om til det helt modsatte i sin skildring, så kunne man dadle ham, hvis han undlod at gøre *det*; for så havde det jo f. eks. været den letteste sag af verden for Thukydid med et eneste rask pennestrøg at kuldkaste syrakosiernes spærringsmur på Epipolai[78] og bore Hermokrates' krigsgalej i sænk eller at spidde den forbandede Gylippos, medens han var i færd med at spærre vejene for de flygtende athenaiere med mure og grave, og til sidst at kaste syrakosierne ned i stenbruddene, men derimod gøre athenaierne til herrer over Sikelien og Italien, ganske således som Alkibiades ved togets begyndelse havde håbet. Men hvad der én gang er sket, det kan, skulle jeg mene, ikke engang Klotho selv gøre usket, ej heller ville Atropos[79] kunne vende det om til det modsatte; og derfor bliver historieskriverens opgave ene og alene den: at skildre alt, således som det virkelig er foregået.

39. Dette vil han imidlertid ikke kunne gøre, så længe han som livlæge hos Artaxerxes er bange for denne, eller så længe han håber på at få en purpurkaftan, en guldhalskæde og en af perserkongens kostbare heste til gave af ham for den ros, han tildeler ham i sine skrifter[80]. Men således vil en retfærdig og upartisk historieskriver som Xenofon ikke bære sig ad, ej heller en Thukydid; nej, selv om han for sit personlige vedkommende nærer

had til nogen, vil han dog anse det for langt nødvendigere at tage hensyn til det almene bedste end til sin egen stemning og derfor sætte sandheden højt over sit personlige fjendskab; og selv om han har venskab for nogen, vil han dog ikke afholde sig fra at dadle ham, når han begår fejl. Thi sandheden er, som jeg tidligere har sagt, historieskrivningens eneste og ejendommelige mål; og hvis nogen vil indlade sig på at skrive historie, skal han udelukkende ofre til sandheden, men derimod bryde sig fejl om alt andet; og i det hele taget har han kun én eneste sikker målestok og rettesnor, nemlig denne: han skal se hen ikke til dem, der nu i øjeblikket lytter til hans ord, men til dem, der i eftertiden vil komme til som læsere at sysle med hans skrifter.

40. Hvis derimod ens stræben går ud på at behage nutiden, vil man med føje kunne regne ham for at høre til smigrernes klasse; og den slags folk har historieskrivningen allerede for længe siden, ja lige fra første færd af, vendt sig bort fra med afsky, på samme måde som gymnastikken altid har hadet sit vrængbillede, pyntekunsten[81]. Således fortæller man da også denne historie om Alexander, at han engang sagde til Onesikritos[82]: »Jeg ville rigtignok gerne leve op igen for en kort stund efter min død, for at jeg kunne erfare, med hvilke tanker og følelser de mennesker, der til den tid lever, vil læse det, du her har skrevet. At de nemlig *nu* roser det og hilser det med glæde, det må du ikke undre dig over; for deres ros regner de for en udmærket lokkemad (om jeg så må sige), ved hvis hjælp de hver især vil kunne tilfiske

sig velvilje fra vor side.« Og hvad Homer angår, er det jo en bekendt sag, at, skønt det meste af det, han har skrevet om Achilleus, har præg af det fabelagtige, føler dog visse folk sig endogså forpligtede til at skænke ham tiltro, idet de ser et vægtigt bevis for hans sandfærdighed i denne ene omstændighed, at han har skrevet om Achilleus på en tid, da denne ikke mere levede; for så kan de ikke finde nogen grund, der skulle have bevæget ham til at lyve.

41. Altså skal *min* historieskriver have disse egenskaber: han skal være frygtløs, ubestikkelig og frimodig, en ven af åbenhjertighed og sandhed, en mand, der, som den komiske digter[83] siger, kalder figen for figen og et trug for et trug, en mand, som hverken lader had eller venskab have mindste indflydelse på sig, som hverken kender til skadefryd eller til medlidenhed, hverken til undseelse[84] eller til ængstelighed; en upartisk dommer, velvilligt stemt mod alle indtil den grænse, at han ikke viser den ene eller den anden part mere bevågenhed, end der med rette tilkommer ham; en mand, der i sine skrifter står som fremmed og fædrelandsløs[85], er fuldkommen selvstændig, ikke har nogen hersker over sig, ikke tager i betragtning, hvad den eller den vil dømme om ham, men kun siger, hvad der er sket.

42. Thukydid har da sikkerlig også med fuldkommen ret opstillet følgende grundsætninger for historieskrivning og med det samme fastslået forskellen mellem god og slet historieskrivning, idet han følte sig tilskyndet dertil ved at se, at Herodot var genstand for

den højeste beundring, i den grad at man endogså gav hans historiebøger navnet »Muser«. Med tanken herpå siger han nemlig om sit eget værk, at det »snarere er *et liggendefæ til nytte for bestandig* end et prunkstykke til ørenslyst for nuet«, og at han »ikke finder behag i det fabelagtige, men efterlader sig til efterverdenen *en sanddru beretning* om det, der virkelig er sket«; og dertil føjer han endvidere bemærkninger om historiens nytte og opstiller som det formål, historieskrivningen skal tilstræbe, netop det samme, som vel enhver fornuftig mand ville opstille, nemlig dette, »at man for det tilfældes skyld, at der også en gang i fremtiden skulle indtræde lignende forhold, kan have mulighed for at tage fornuftige forholdsregler angående det, der i øjeblikket foreligger, ved at se hen til det, der er sket tidligere«[86].

43. Med den *tænkemåde*, jeg ovenfor har skildret, skal altså min historieskriver møde udrustet. Men hvad dernæst hans stil angår og hans *udtryksmådes* hele væsen, da skal han lade den noksom bekendte heftige og bidske måde at tale på hvile, den med de lange, sammenslyngede perioder og den snedige argumentation og overhovedet al veltalenhedskunstens fiffighed[87]; og han må ikke lige straks slå den helt hvasse tone an i sit skrift, men skal begynde i en fredsommeligere stemning. Og hans tanker skal være træffende og indholdsrige, men hans måde at udtrykke dem på tydelig og almenforståelig, således at den på det klareste lægger genstanden frem for lyset. 44. Ligesom vi nemlig har

opstillet frimodighed og sanddruhed som historie-skriverens mål, hvad hans tænkemåde angår, således er med hensyn til hans fremstilling det første og fremmeste mål for ham dette ene: at lægge genstanden tydeligt frem for dagen og vise den i det klareste lys. Derfor må han ikke anvende dunkle og afsidesliggende ord og udtryk; men han må heller ikke bruge sådanne, som hører hjemme i torve- og knejpesproget, men sådanne, at det store publikum kan forstå ham, og de dannede må rose ham. Fremdeles må hans tale sandelig gerne være smykket med retoriske vendinger og billeder, men dog kun med sådanne, som ikke vækker anstød ved deres dristighed og navnlig ikke bærer præg af det søgte og kunstlede; for ellers vil de bevirke, at hans tale kommer til at ligne en for stærkt krydret suppe. 45. Endvidere skal tankeindholdet i det, han siger, have et vist slægtskab med digtningen og stå i en vis berøring dermed, for så vidt også *det* skal have højhed og sving, særlig når han tumler med hæropstillinger til slag og kampe til lands eller til søs[88]; for i sådanne tilfælde kan der, om jeg så må sige, trænges til en poetisk luftning, som kan fylde sejlene med sin medbør og hjælpe med til at føre skibet hen mod dets mål, flyvende af sted højt på bølgernes toppe. Men selv da skal hans måde at udtrykke tankerne på alligevel have fodfæste på jorden, således at den vel hæver sig jævnsides med skønheden og storheden i det, der fortælles, og så vidt muligt bringer sig i højde dermed, men dog på den anden side ikke henfalder til det usædvanlige, ej heller bliver digterisk begejstret ud over den rette grænse. Ved slige anledninger svæver den nemlig allermest i fare for at blive ør og forvilde sig ind på digtningens sværmeriske begejstring; derfor bør man navnlig i dette tilfælde holde tøjlen stramt og beflitte sig på sindigt mådehold, idet man tænker på, at der også i talen kan komme en art lidenskab frem (og det en ret farlig lidenskab), som ligner den, der griber rytteren, når han sidder på en balstyrig hest. Altså er det det bedste, når tanken i slige tilfælde ligesom er kommet til at sidde til hest, at så udtryksmåden løber ved siden af den på jorden og blot holder sig fast ved sadlen, for at den ikke skal sakke bag ud efter tankens fart.

46. Hvad fremdeles *ordenes sammenstilling i sætninger* angår, bør historieskriveren også herved iagttage et passende mådehold og følge en middelvej, så at han hverken gør deres forbindelse altfor løs og usammenhængende (for så bliver talen hakkende og ujævn), ikke heller sammenbinder dem næsten i versform, således som digterne gør; det sidste er nemlig kunstlet, det første klinger ubehageligt for tilhørerne[89].

47. *Stoffet* til sin historieskrivning bør han ikke *samle sammen* på må og få, men med anstrengt flid og møje, således at han anstiller efterforskning mange gange om de selv samme ting; og helst må han indsamle det ved personlig nærværelse og eget øjesyn; men kan dette ikke ske, må han gøre det på den måde, at han låner øre til dem, der fortæller ærligst, og om hvem man kan formode, at de allermindst enten af velvilje eller af

fjendskab vil trække noget fra eller lægge noget til det, der virkelig er sket[90]. Og her må han da også besidde den evne, både ved medfødt skarpsyn og ved sammenstillende iagttagelse at kunne udfinde, hvem der er den troværdigste hjemmelsmand.

48. Når han så har fået sammendraget alt stoffet eller dog det meste, skal han først sammenarbejde et foreløbigt *udkast* til behandlingen af det og således skabe et legeme, der endnu mangler skønhed og artikulation[91]; og efter at han i dette grundlag har fastslået *dets behørige anordning*, skal han endelig skænke det dets skønhed, idet han farver det med stilen, udformer det i alle enkeltheder og giver delene det rette forhold til hinanden. 49. Under arbejdet med stoffets anordning skal han fremdeles i det hele ligne Zeus hos Homer, som snart retter sit blik hen på de gangertumlende thrakeres land, snart på mysernes[92]: ganske på samme måde skal nemlig også historieskriveren, når han for eksempel vil skildre vor sidste partherkrig, snart rette sit blik særligt hen på forholdene hos romerne og skildre os dem klart således, som de tog sig ud for ham fra hans ophøjede stade, snart skal han særligt betragte forholdene hos partherne, og så endelig begge parters forhold på én gang, når de leverer et slag. Og under selve slaget må han ikke have blikket fæstet på nogen enkelt hærafdeling eller nogen enkelt mand blandt rytterne eller fodfolket, medmindre det da skulle være en Brasidas, der stormer frem til kamp foran rækkerne, eller en Demosthenes, der slår hans landgangsforsøg

tilbage[93]. Dog skal han forud for kampens begyndelse særlig have øje for hærførerne, og hvis disse holder en opmuntringstale til deres folk, skal han også høre på den, samt skildre, på hvilken måde og med hvilken tanke eller plan de har opstillet deres hær; men er først kampen kommet i gang, skal hans syn ligeligt omfatte alle, og han skal da ligesom veje alt, hvad der sker, på en vægtskål og holde det i ligevægt mod hinanden[94] og være med både på forfølgernes og på de flygtendes side. 50. Og ved skildringen af alt dette skal han vide at iagttage det rette mål og må ikke på en ledevækkende eller smagløs måde blive hængende ved nogen enkelt genstand, men skal med lethed kunne rive sig løs derfra; og efter at have ladet sin fortælling om det eller det emne standse på et eller andet passende punkt skal han gå over til noget andet, hvis det haster med dette; og så skal han siden igen rive sig løs herfra og ile tilbage til det første, hvis dette nu vinker ham. Overhovedet skal han haste af sted mod alt og så vidt muligt skildre begivenhederne på den plads, hvor de efter deres tidsfølge hører hjemme; og derfor skal han flyve fra Armenien til Medien og derfra igen med ét susende vingeslag til Iberien og så til Italien, for at han ikke på noget punkt skal komme bag ud for det rette tidspunkt[95].

51. Fremfor alt må dog historieskriveren møde til sin gerning med en opfattelse, der ligner et rent og blankt og nøjagtigt slebet spejl; og så skal han vise os genstandene netop med det udseende og i den skikkelse, hvori han modtager dem, men intet fordrejet eller

falsk farvet eller anderledes formet. Historieskriverne skal nemlig ikke, således som det er tilfældet med talerne, skrive det, de selv finder på; nej, *hvad* de skal fortælle, det *er* givet og *er* fundet; for det er allerede sket; det gælder kun om at anordne det og klæde det i ord. Altså skal de ikke søge efter, *hvad* de skal fortælle, men *hvorledes* de skal fortælle det. Overhovedet bør man se på sagen således, at den, der skriver historie, skal ligne en Feidias eller Praxiteles eller Alkamenes eller en anden af hine berømte billedhuggere[96]; for heller ikke de skulle selv lave guldet eller sølvet eller elfenbenet eller det andet materiale; nej, dette var til stede og forud givet som grundlag, idet eleierne eller athenaierne eller argeierne havde skaffet det til veje; det eneste, de havde at gøre, var at tildanne materialet, at save og polere elfenbenet, lime stykkerne sammen og passe dem nøje til efter hinanden og så give værket den behørige guldbelægning; og deres kunst bestod netop i dette: at anvende materialet således, som det skulle anvendes. Netop af en lignende art er også historieskriverens gerning: han skal anordne det historiske stof på en smuk måde og stille det så klart og smukt frem for tilhøreren eller læseren som muligt. Og når så en, idet han hører hans ord, tror at se det, der siges, livagtigt for sine øjne og derefter skænker det sit bifald, da, ja da har han udført sit arbejde til fuldkommenhed og fået den ros, der med rette tilkommer denne historieskrivningens Feidias.

52. Når omsider alle forberedelser til stoffets bearbejdelse er truffet[97], så vil han vel nok stundom kun-

ne begynde sit værk uden nogen ligefrem *indledning*, når sagen ikke gør det ganske nødvendigt på forhånd at lægge et eller andet til rette for læseren i indledningen[98]; men selv i dette tilfælde skal han dog bruge en begyndelse, der efter sit indre væsen (om end ikke efter sin ydre form) er en indledning, og som giver klarhed over, hvad det er, fortællingen skal handle om[99]. 53. Anvender han imidlertid en virkelig indledning, skal han med denne begyndelse blot tilsigte to ting, ikke, således som talerne, tre[100]: han skal nemlig lade bestræbelsen for at *vinde sig tilhørernes gunst* fare og blot sørge for at *vække deres opmærksomhed* og at *gøre dem forståelsen let*. Deres opmærksomhed vil de da nu skænke ham, når han tilkendegiver, at han vil tale om ting, der er betydningsfulde eller nødvendige at kende, eller som angår dem selv meget nær eller kan blive dem til nytte; men let fatteligt og klart vil han gøre alt det efterfølgende, når han forud fremstiller årsagerne til de begivenheder, han vil skildre, og på forhånd fastslår hovedpunkterne i det, der er foregået. 54. Indledninger af den her beskrevne art har de ypperste blandt historieskriverne benyttet, således som Herodot, der siger, at han har skrevet sit værk, »for at ikke tiden i sit løb skal udviske mindet om fortidens begivenheder, som er storslåede og beundringsværdige, og som tilmed opviser sejre for hellenerne og nederlag for barbarerne«; og Thukydid siger ligeledes, at han har skildret den krig, han beskriver, »fordi han havde fået den overbevisning, at den ville blive stor og mest værd at tale om blandt alle dem, der hidindtil var forefaldet; og der var da også indtruffet svære ulykker i dens forløb«[101].

55. Efter indledningen, som må blive længere eller kortere, alt efter som genstandens natur kræver det, skal der så være en let og naturlig overgang til *den historiske fortælling*. Hele historieværkets øvrige legeme er nemlig, nøjagtig talt, én lang fortælling; derfor skal denne være smykket med alle fortællingens gode egenskaber[102]. *Jævnt og roligt* skal den skride fremad, overalt sig selv lig, så at den hverken bugter sig ud eller ind[103]; dernæst skal *klarhedens skær* være udbredt over den, hvilket dels, som jeg ovenfor har sagt, bevirkes ved udtryksmådens beskaffenhed[104], dels ved fortællingsgenstandenes indbyrdes forbindelse. Forfatteren skal nemlig udarbejde alle genstandene således, at hver for sig danner et uafhængigt og i sig selv fuldkomment afrundet parti; og når han så har fuldt udarbejdet det første parti, skal han dertil føje det andet således, at det hænger sammen dermed og er bundet sammen dermed som leddene i en lænke. Fortællingens dele må ikke være hugget fra hinanden, så at det bliver til mange fortællinger, der står ved siden af hinanden; men altid skal det første ikke blot være nabo til det andet, men også have et vist fællesskab dermed og være sammensmeltet dermed i yderpunkterne. 56. Endvidere er *kortfattethed* nyttig ved alle genstande, allermest dér, hvor der ikke er mangel på ting, der bør fortælles; og denne korthed bør man bringe til veje ikke så meget ved at spare på ord som ved at indskrænke genstandene for fortællingen;

det vil sige: den opnås derved, at man løber let hen over de ubetydelige og mindre nødvendige ting og derimod fortæller de store og vigtige med den tilbørlige fylde; ja, der er endogså mange ting, man helt bør forbigå. For når du gør et gæstebud for dine venner, og alle mulige slags retter er tillavet, vil du dog ikke mellem kagerne og fuglevildtet og vildsvinestegen og harestegen og alle de mange andre fine retter også anbringe saltfisk og ærtevælling alene af den grund, at også dette var tillavet; men du vil sikkert helt vrage den slags simplere retter.

57. Allermest gælder det for dig om at holde måde med *detailskildringerne* af bjerge, fæstningsanlæg, floder og den slags, for at det ikke skal komme til at se ud, som om du på en smagløs måde griber efter lejligheden til at prale med din styrke i den slags skildringer og blot følger din egen yndlingstilbøjelighed uden at bekymre dig om historien. Nej, du skal blot røre ganske let ved disse ting, for så vidt det *må* ske for nyttens og tydelighedens skyld, men derefter skal du straks gå bort igen derfra; du må ikke blive hængende i den — lad mig kalde det »fuglelim«, som denne sag har ved sig; og overhovedet må du sky alt slikkeri af denne art. Således, ser du, bærer jo også den stolte Homer sig ad: ihvorvel han er en digter[105], går han dog let hen over Tantalos og Tityos og Ixion og de andre; men hvis derimod en Parthenios eller Euforion eller Kallimachos her havde haft ordet, hvor mange verslinjer tror du så ikke han ville have brugt for at føre vandet til Tantalos' læber, og hvor mange derefter til at rulle Ixion rundt på hjulet?

Lad mig dog hellere nævne dig Thukydid som mønster: også han har brugt den slags skildringer, men dog kun sjældent; og se så engang på, hvor hurtigt han bryder af, når han enten har forklaret indretningen af en belejringsmaskine[106] eller skildret en belejrings plan og gang, fordi det var nødvendigt eller nyttigt, eller givet beskrivelsen af, hvorledes Epipolai eller syrakosiernes havn[107] så ud! Ja, når han fortæller om pesten i Athen, synes han jo nok her at være vidtløftig, men tænk rigtig over, hvor vigtig og betydelig denne genstand var: så vil du bedst erkende hans kortfattethed og se, hvorledes han alligevel haster af sted, uagtet begivenhederne ved deres rigdom holder fast på ham.

58. Dersom det fremdeles en gang imellem skulle blive nødvendigt også at indføre en på scenen for at holde en *tale*, så skal først og fremmest de ord, der lægges ham i munden, svare til den talende persons karakter og hænge nøje sammen med genstanden, hvorom der fortælles, og dernæst skal også dette være så klart som muligt[108]; men for øvrigt er det dig i slige tilfælde tilladt at følge din retoriske lyst og vise din dygtighed som taler. 59. Dog må *taler til ros eller dadel* over andre anvendes med stor sparsomhed og forsigtighed, ligesom de også må være fri for chikane og ledsaget af beviser og kortfattede og ikke anbringes på urette sted; iagttager du ikke dette, vil du, eftersom slige taler egentlig slet ikke hører hjemme på dette felt, enten få udseende af at være en smigrer[109], eller også vil du blive genstand for samme beskyldning som Theopompos[110],

der med en sand lyst til at lægge sig ud med folk ankla-
gede de fleste, han omtalte i sine værker, og gjorde sig
dette til en morskab og tidsfordriv, så at han mere holdt
anklagetaler end skildrede de historiske begivenheder.

60. Hvis der fremdeles skulle være anledning til i
forbigående at fortælle en eller anden *myte eller fabel*,
ja, så må den nok fortælles, men den må ikke erklæres
for aldeles sikker, men henstilles uafgjort til alles be-
dømmelse, for at enhver kan tænke om den, som han
selv vil; du selv derimod skal holde dig uden for faren[111]
og hverken hælde mest til tro eller til vantro.

61. Og hvad så endelig sagen i dens helhed angår,
så lad mig se, du husker på denne forskrift (for det er
noget, jeg atter og atter vil sige): skriv ikke med blik-
ket udelukkende rettet på nutiden, således at du kun
tænker på hvorledes du kan få de nulevende til at rose
og ære dig, men tag sigte på al eftertid og skriv snarere
med de kommende slægter for øje og kræv af dem løn-
nen for din forfattervirksomhed, for at det engang kan
siges om dig: »Han var i sandhed en mand, fri i sin
tanke og djærv i sin tale, en mand, som slet ikke havde
noget hverken af en smigrer eller af en træl ved sig, men
for hvem sandheden stod over alt.« En sådan ros vil
sikkert enhver, der har fornuft, sætte over alle glimren-
de udsigter for nuet; de varer jo dog kun så kort. 62. Du
ved jo nok, hvorledes den berømte bygmester fra Kni-
dos bar sig ad, han, som har bygget tårnet på Faros[112],
det største og skønneste af alle bygningsværker, for at
der fra det kunne blive givet ildsignaler langt ud over

havet til de søfarende, så de ikke skulle forvilde sig fra deres kurs og strande i egnen ved Paraitonion, der, efter hvad man fortæller, var et meget farligt sted, hvor ingen redning var mulig, hvis man kom ind på skærene dér. Nå, da denne mand altså havde bygget tårnet, huggede han sit eget navn dybt ind i stenene, men udfyldte derefter skrifttrækkene med gibs og dækkede dem til og skrev så uden på fladen navnet på ham, som dengang var konge. Han vidste jo nok, at det ville gå, som det virkelig også gik, at efter meget kort tids forløb ville disse bogstaver falde ud sammen med kittet, og så ville denne indskrift komme til syne: *Sostratos Dexifanes' søn fra Knidos vier dette værk til de frelsende guder i de søfarendes navn.* Således havde heller ikke denne mand den daværende tid eller sit eget kortvarige liv for øje, men så hen til den tid, vi nu lever i, og overhovedet til al eftertid, så længe tårnet står og hans kunst lever; og på samme måde bør man altså også skrive historie, snarere med sandhed under håb til fremtiden end med smiger til behag for nutidens mennesker.

63. Her har jeg nu givet en regel og rettesnor for retmæssig historieskrivning. Dersom man vil rette sit arbejde efter den, er det godt, og jeg har da gjort vel i at skrive; men gør man det ikke, — nå, ja så har *jeg* i alle fald rullet mit fad i Kraneion.

Anmærkninger.

¹) *Abdera* var en græsk koloni på Thrakiens kyst, nær ved floden Nestos' udløb i det nordlige Ægæerhav, anlagt omkring 546 f. Kr. I tidligere dage havde den været en blomstrende handelsby, og et stærkt åndeligt liv må sikkert også have rørt sig dér; fra den udgik to så berømte mænd som filosoffen *Demokrit* og den store sofist *Protagoras*. Siden sank den ned og var på Filip af Makedoniens tid en ubetydelig småstad. Ved delingen af Alexander den Stores rige mellem hans feltherrer, som først fra 306 af begyndte at kalde sig konger, kom den sammen med Thrakien til at tilhøre *Lysimachos*. Uden at man rigtig ved, hvorledes det er gået til, kom dens indbyggere, abderitterne, i den alexandrinske og romerske tid til at gælde for typer, først på tåbelig vægelsindethed forbundet med stædig selvklogskab, senere på dumhed i almindelighed, ligesom vore »molboer«.

²) Dette var efter de gamle lægers mening den kritiske dag i de fleste sygdomme, på hvilken en afgørende vending til det værre eller det bedre plejede at indtræde.

³) Denne tragedie, som Euripides lod opføre år 412, var et af hans berømteste og mest yndede stykker; desværre er det nu tabt på nogle tarvelige brudstykker nær. Det behandlede myten om Andromeda, aithioperkongen Kefeus' datter, som for at sone en fornærmelse, hendes moder havde tilføjet nereïderne og Poseidon, var udsat lænkebundet på en klippe ved havets kyst til rov for et søuhyre. Da kom helten Perseus, som havde fældet gorgonen Medusa og afskåret hendes skønne hoved med det frygtelige, alt forstenende blik, hen til stedet, hvor Andromeda hang på klippen, og blev straks grebet af elskov til hende; han fik af Kefeus løfte om at få hende til hustru, hvis han frelste hende fra uhyret, hvad han så gjorde ved hjælp af medusahovedet. Euripides havde behandlet myten med stærk fremdragen af elskovsmomentet; og i ry stod særlig Perseus' lange monolog om

Eros' magt, hvoraf her et vers anføres, samt Andromedas klage- og elskovssange.

4) Den gamle berømte filosof *Heraklit* fra Efesos lærte, at tilværelsens princip, den evige urild, i sin rastløse strømning og bevægelse frembragte alle modsætninger, ved hvis indbyrdes kamp med de deraf flydende forbindelser og adskillelser alt i tilværelsen opstod og forgik. Denne tanke havde han i sit dunkle billedsprog udtrykt i sætningen: »Krig er fader til alt«, hvis betydning Lukian her fordrejer på en spøgende måde.

5) Det er den kyniske filosof *Diogenes*. Han var født i byen *Sinope* på Lilleasiens nordkyst ved Sortehavet cirka 413; siden kom han til Athen og blev en trofast discipel af sokratikeren Antisthenes, stifteren af kynikernes skole, hvis strenge grundsætninger han mere konsekvent end nogen anden gennemførte i sit liv. På en rejse til Aigina blev han fanget af sørøvere og af disse på Kreta solgt som slave til en mand fra Korinth, som gjorde ham til opdrager for sine sønner; sin sidste levetid tilbragte han i Korinth, hvor han særlig færdedes meget i *Kraneion,* en cypreslund med et gymnasium uden for byen; han skal være død her 323, samme dag som Alexander den Store døde i Babylon. Fattig som han var, og tillige fordi han ville hærde sig og vænne sig til al mulig nøjsomhed, skal han bl. a. først have indført den siden hos kynikerne herskende skik at bære den enkle, grove spartanske kappe på den nøgne krop. I Athen skal han engang, da han ikke kunne skaffe sig nogen bolig i et hus, have valgt et af de mandshøje, store lerfade, hvori man plejede at gemme korn eller andre markfrugter, til bolig, hvad for resten også andre fattigfolk undertiden gjorde, f. eks. i Athen under den peloponnesiske krig; deraf har siden den historie udviklet sig, at han altid boede i et sådant fad, også i Korinth.

6) Formodentlig straks efter sejren ved Chaironeia 338, da Filip af Makedonien foretog sit sejrstog gennem hele Hellas for at knytte dets stater til sig.

7) Statisterne i komedien (og tragedien), der meget almindeligt optrådte som drabanter hos en eller anden helt eller krigsmand, bar ligesom de virkelige skuespillere masker med en stor, gabende mund, hvad der jo tog sig så meget desto mere latterligt og dumt ud, som de ikke skulle sige et ord, men altid var stumme personer.

8) Citat fra Homers Odysseen 12, 229 ff.

9) Dvs. jeg har jo da ret som en håndlanger og underordnet medhjælper vist dem lidt vej til den rette behandling af materialet, hvoraf de skal opføre deres historieskrivnings bygningsværk.

10) Lukian sigter til de stolte slutningsord, Thukydid bruger i fortalen om sit værk (I, kap. 22).

11) Dette kunne ske enten ved at udgive dem i boghandelen i afskrifter eller, hvad der regelmæssigt plejede at gå forud, ved at forelæse dem offentligt for en forsamling indbudte tilhørere.

12) Der tænkes herved særlig på det store palatinske bibliotek i Rom, som kejser Augustus havde indrettet og viet til Apollon, og i hvilket de anerkendte forfatteres værker blev optaget.

13) Dvs. at der er en diametral forskel mellem dem. De gamle musikeres toneskala gik kun gennem to oktaver, så at det længst mulige mellemrum mellem to toner var intervallet fra den dybeste tone i første oktav til den højeste i anden.

14—15—16) Lukian sigter her til en række skildringer hos Homer, henholdsvis i Iliaden 20, 226 ff.; 8, 18 ff.; 2, 477 ff. Når Agamemnon her af Lukian kaldes »Atreus' og Aëropes søn«, skal han dermed betegnes som »et almindeligt dødeligt *menneskebarn*«; og så har endda navnene på hans fader og moder en ilde klang for den, der husker mytologiens fortællinger om deres ugerninger.

17) Som alene er den passende form og iklædning for et sligt indhold.

[18]) Herakles, den vældigt stærke heros, var selvskreven til at være alle atleters forbillede og skytsgud, så at de på en vis måde var »hans efterfølgere«. Her tænkes der dog særlig på historien om, at Herakles, som sagdes at have været med til at indstifte de olympiske væddekampe, på én og samme dag havde vundet kransen som sejrherre både i brydning og i pankration (en forbindelse af brydning og nævekamp), et kunststykke, som senere kun syv andre havde eftergjort; og disse regnedes da selvfølgelig i ganske særlig forstand for »Herakles' efterfølgere«, de alleryppperste atleter. Den sidste mand i denne række var den berømte atlet *Nikostratos* fra Kilikien, som vandt denne sejr år 36 e. Kr. At han til modstander ved denne lejlighed havde en overmåde smuk atlet, *Alkaios* fra Milet, som vi for øvrigt slet ikke ved noget om, vedkommer egentlig ikke sagen, hvorom det her gælder, undtagen for så vidt man kan sige, at Nikostratos' hæslighed derved fremhævedes endnu stærkere. Men ganske uvedkommende sagen og derfor ilde anbragt af Lukian er den sidste historiske bemærkning om elskovsforholdet mellem Nikostratos og Alkaios.

[19]) *Argos* var den skarpsynede vogter, som den skinsyge Hera efter myten satte til at passe på *Io*, som Zeus elskede og havde forvandlet til en ko for at unddrage hende fra Heras blikke og sikre hende mod hendes efterstræbelser. Snart hedder det, at han foruden sine to almindelige øjne havde ét til i nakken, snart at han havde fire eller hundrede øjne, snart at han var udstyret med øjne over hele sit legeme.

[20]) Myten fortalte, at Herakles til bod for et begået drab blev ført hen på slavemarkedet af Hermes, der solgte ham som slave til *Omfale*, Iardanos' datter, som var dronning i det blødagtige Lydien; hos hende måtte han gøre trælletjeneste, iført kvindedragt, medens Omfale udstyrede sig selv med hans attributter, løvehuden og køllen. Denne myte afgav et meget yndet emne for digtere og kunstnere; vi har endnu en berømt fremstilling deraf på et pompejansk vægmaleri og en

mosaik på Capitolium.

[21]) Således som sandheden er den ejendommelige skønhed for historien, myter og lovtaler derimod for digtningen.

[22]) *Aristobulos* fra Poteidaia (eller Kasandreia) skrev et historisk værk om Alexander den Stores erobringstog. Men efter hvad man ellers hører om dette værk, begyndte han først at skrive det efter Alexanders død; og tilmed gjaldt han for en af de pålideligste og mest sandhedskærlige af de mange historikere, der skrev om Alexander. Lukian må altså vistnok her have begået en fejltagelse ved at nævne hans navn; historien kunne snarere passe på en mand som *Onesikritos* (se nedenfor kap. 40), der ansås for en løgnhals.

[23]) Den berømte konge i Indien, hvem Alexander overvandt. Om deres tvekamp fortælles det ellers helt omvendt, at Alexander kom uheldigt fra den, idet Poros gennemborede hans hest Bukefalos, så at han styrtede til jorden og først frelstes ved sine drabanters mellemkomst. Smigreren havde altså vendt forholdet helt om, idet han lod Alexander gennembore den elefant, Poros red på, med ét kastespyd!

[24]) Udtrykkene her viser at Lukian nu kun tænker på de hæslige *kvinder*, der lader sig male. Medens nemlig mændene på de gamle malerier gerne fremstilledes med en stærkt brunlig farve, plejede man at male kvinderne med en meget lys lød, undertiden næsten hvide, hvilken farve frembragtes ved at blande en meget stor portion hvid farve med rødt eller andre farver; kun på kinderne og enkelte andre steder anbragtes der en stærkere rødlig farve som et let overtræk over den lyse grundfarve.

[25]) I stedet for til eftertiden, som den sande historieskriver altid skal have sin tanke rettet hen på.

[26]) *Achaia* var navnet på det europæiske Hellas som romersk provins. Her rådede endnu bestandig en finere og ædrueligere smag i litteraturen, medens derimod ovre i Ionien, dvs. det helleniske og helleniserede Vestasien, den opstylte-

de og overlæssede asianske retorik havde fordærvet smagen; derfor undrer Lukian sig over, at han endog i Achaia har truffet på denne smagløse historieskrivning.

27) En påkaldelse af *Muserne* hører kun hjemme i et digterværk, og digteren beder endda mere gudinderne om at hjælpe sig med at finde på *indholdet* end med at forme det i ord og vers; så meget desto mere upassende var altså en sådan påkaldelse i et historieværk, hvis indhold skulle hentes fra troværdige vidner til de historiske begivenheder og ikke fra Muserne.

28) Der menes formodentlig den unge kejser Lucius Verus, se indledningen s. 11.

29) Om *Thersites* se Homers Iliaden 2, 211 ff.

30) I Iliaden 22, 158, hvor den sidste kamp mellem Hektor og Achilleus skildres.

31) Nemlig i skrift, ligesom romerhæren havde gjort det i virkeligheden.

32) Den første sætning var altså formet ganske som hos Thukydid, men vanprydedes af de barbariske navne, som måtte skurre slemt i en grækers øre. —*Pompeïupolis* er vist det gamle *Soloi* i Kilikien, som Pompejus havde givet en ny befolkning af de overvundne og fangne kilikiske sørøvere og opkaldt efter sit eget navn.

33) Der sigtes til stedet hos Thukydid I, 32 ff., hvor vi har skildringen af de forhandlinger, der i den attiske folkeforsamling førtes mellem den fra Kerkyra udsendte gesandt, som opfordrer athenaierne til at slutte forbund med Kerkyra, og gesandten fra Korinth, som vil afholde dem derfra. Således har den her spottede historieskriver formodentlig i første bog af sit værk, hvor han talte om foranledningerne til partherkrigen, indført en armenisk gesandt, som søgte hjælp hos romerne imod partherne, og i modsætning til ham en parthisk gesandt, som frarådede romerne at hjælpe armenierne; forhandlingerne mellem dem har vi vistnok at

tænke os som ført for den romerske statholder Severianus, efter at han med sin hær var rykket ind i Armenien (se indledningen s. 10), og armeniergesandtens tale har næsten ord til andet været formet som den kerkyraiiske gesandts tale hos Thukydid.

³⁴) *Nisibis* var en stærk fæstning i det nordlige Mesopotamien, hvis besiddelse var vigtig for den, der ville beherske disse egne. På kejser Trajans tid havde den tilhørt romerne, men efter Severianus' fald har den formodentlig sluttet sig til partherne; og derfor havde historieskriveren her straffet dens indbyggere med en pest og skildret denne ganske efter forbilledet hos Thukydid II, 47 ff., hvor den berømte pest i Athen under den peloponnesiske krig skildres.

³⁵) Disse ganske særlige attiske stednavne havde Krepereios naturligvis ikke kunnet anbringe i sin skildring af pesten i Nisibis.

³⁶) Denne ytring viser, at Lukian må have skrevet dette skrift før krigens slutning; thi da denne havde fundet sted og romerhæren vendte hjem, førte den pesten med sig til alle de provinser, den kom igennem, så at den til sidst udbredte sig over næsten hele Romerriget. For øvrigt siger beretninger, som vist er troværdigere, at pesten denne gang begyndte i Babylonien, ikke i Æthiopien; men dette passede ikke i denne »Thukydids« kram, og så lavede han det frit om.

³⁷) Manden havde naturligvis efterlignet Thukydids berømte skildring af begravelsesfesten i Athen og ladet sin »Perikles« holde en gravtale over de døde nisibenere svarende til den gravtale, som Perikles hos Thukydid holder over de faldne athenaiere (Thukydid II, 52 ff.); men denne kendte Lukian så godt forud, at han ikke ville blive og høre plagiatet til ende.

³⁸) Formodentlig fordi Hippokrates, den berømteste lægeskribent, havde skrevet i denne dialekt.

³⁹) Det må åbenbart have været en eller anden på den tid be-

kendt og anset filosof, vistnok hørende til stoikerne, som netop efter deres mester Chrysippos' forbillede var overmåde stærke i brugen af syllogismer, og efter hvis grundanskuelse jo alene »den vise« er fuldkommen skikket til alt muligt.

[40]) Alle i dette stykke fremhævede udtryksmåder er særligt karakteristiske for Herodots stil (»jeg skrider til at omtale«, »det var skæbnens vilje« og i det sidste eksempel anbringelsen af det græske navn ved siden af det barbariske). For yderligere at stemme med Herodot havde manden kaldt partherne for »persere«.

[41]) Af kap. 57 ser man, at folk, som indlod sig på at give slige skildringer, mente at følge Thukydids mønster, i reglen med stor uret, som Lukian dér viser. »*Ondtafvenderen*« kaldtes særlig *Herakles,* men dog også Zeus, Apollon og andre beskærmende guddomme.

[42]) Slaver gik altid uden overklædning; når da en frigiven slave skal tage denne frimandsdragt på, ved han ikke, hvordan han skal iføre sig den, og forstår i ethvert fald ikke at få den til at sidde rigtigt og falde i de rette folder.

[43]) Det er den gamle kost, han er vant til som slave. Ligesom slaven ikke kan aflægge sit gamle væsen, når han pludselig bliver en rig frimand, således kan retorerne, som er vant til deres småpillerier og deriblandt særlig til de her spottede detailskildringer, heller ikke rive sig løs fra deres gamle vaner,, når de giver sig til at være historikere og står over for et så rigt og broget stof, som partherkrigen havde givet dem; den værdifulde rigdom på ægte historisk stof forstår de ikke at bruge, men holder sig til de gamle tilvante motiver.

[44]) Ganske som i Iliaden 5, 859 ff., hvor Ares råber. *Priscus* er Lucius Verus' legat Marcus Statius Priscus, som især kæmpede heldigt i Armenien.

[45]) Se indledningen s. 11.

[46]) Romernes gamle gud *Saturnus* satte man jo lig med den

græske *Kronos,*

[47]) Dvs. den, hvorved Severianus med samt hele hans hær gik til grunde, efter at de var blevet omringet af partherne.

[48]) Det er dog af det følgende klart, at Lukian kun tænker på et *enkelt,* bestemt værk, hvori han har truffet de påpegede fejl. På de kursiverede ords plads står der i den græske tekst poetiske udtryk, hentet fra Homer, Aischylos og andre digtere. Dette kan efter sagens natur ikke gengives fuldkomment i en oversættelse, og det samme gælder om den anden art fejl i ordvalget, som bagefter påpeges og oplyses med eksempler; ja, man er end ikke overalt ganske enig om, hvilke udtryk det er, Lukian vil dadle. Det dadlede værk har skildret belejringen af byen *Edessa* (nu *Urfa*) i det nordlige Mesopotamien; den havde også ligesom Nisibis sluttet sig til partherne og måtte tilbageerobres.

[49]) En sådan fremstilling af den lille Eros med den store maske for ansigtet finder man blandt vægmalerierne fra Pompeji, og den er derfra gået over på vore teaterforhæng.

[50]) Fuldstændigt hedder ordsproget således: »Bjerget var i barnsnød, og Zeus skælvede af angst; da fødte det en lille mus.«

[51]) *Kolossen på Rhodos,* et af verdens 7 underværker, var et 50 alen højt ertsbillede af solguden Helios, forfærdiget af Lysippos' discipel Chares fra byen Lindos på øen Rhodos, som arbejdede på det i 12 år. Det blev opstillet 290 f. Kr. ved indløbet til byen Rhodos' havn og stod dér i 66 år, indtil hele overdelen af det fra knæene af styrtede ned ved et jordskælv; og da et orakelsvar forbød rhodierne at genoprejse det, blev de uhyre brudstykker af det liggende dér på stedet til 672 e. Kr., da saracenerne erobrede øen; så blev det solgt, og det fortælles, at køberen bortskaffede ertset, som vejede o. 700.000 pund, på 900 kameler.

[52]) Dette sker nedenfor i kap. 52, men sagen berøres dér for resten så kort og flygtigt, at den ikke rigtig klares op derved.

Eksemplet her viser imidlertid, hvad Lukian mener: det første kapitel i Xenofons Anabasis hører tilsyneladende med til den historiske fortælling om det krigstog, som hele bogen handler om, men er i virkeligheden kun en forberedelse og indledning til fortællingen.

53) Sandheden var tværtimod den, at Europos lå i den nordligste del af *Syrien* og lige ved Eufrats højre bred; den var vist også anlagt af de ældste seleukider og opkaldt efter en by i Makedonien, ingenlunde af edessaierne, hvis by først fik nogen betydning i senere tider. — *Samosata,* Lukians fødeby, lå heller ikke i Mesopotamien, men i landskabet Kommagene, ligeledes på højre side af Eufrat.

54) *Enyalios* er et især i Iliaden hyppigt forekommende tilnavn til eller navn for krigsguden Ares.

55) Det berømte mesterværk af Feidias.

56) Maurernes land, den romerske provins i det vestlige Nordafrika, som omfattede en del af det nuværende Algier og Marokko; dens to hovedbyer var *Cæsarea* (nu *Algier*) og *Tingis* (nu *Tanger*).

57) Vi har ikke ellers nogen beretninger om dette slag; men af stedet her kan man slutte, at det både har været meget blodigt og meget betydningsfuldt. Sandsynligvis har det drejet sig om overgangen over Eufrat, da pladsen *Zeugma* med en stor, af Seleukos Nikator anlagt bro over floden lå nær ved Europos; partherne har søgt at hindre romerne i overgangen, men er blevet slået efter en hårdnakket kamp.

58) *Kenchreai* lå knap to mile fra Korinth ved den Saroniske Bugt og var dets havnestad.

59) Medens de gamle perserkonger (achaimeniderne) til banner i deres hær havde haft en gylden ørn med udbredte vinger på spidsen af en lansestage, havde de parthiske og nypersiske konger (arsakiderne og sassaniderne) derimod et slangebanner; slangens hoved var af sølv med opspærret gab, kroppen var vævet af silke og lignede en slangekrop i længde og farve.

[60]) Manden har været topmålt uvidende i geografi; thi enten han nu havde ment det kaukasiske eller det indiske Iberien, lå dette land hinsides Persien, ikke omvendt, og var vidt adskilt derfra.

[61]) *Sura,* hvor der også stod et betydeligt slag i partherkrigen, var en romersk koloni i Syrien ved højre bred af Eufrat.

[62]) *Lerna* var en kilde tæt ved Korinth, omgivet af en søjlehal og et lystanlæg, hvor man søgte kølighed ved sommertide ligesom i lunden *Kraneion.* Manden havde jo aldrig været borte fra Korinth.

[63]) Der menes de *pythiske lege,* som holdtes ved Apollons by *Delfoi.* Ved den væddekamp, som kaldtes *længdeløbet,* gjaldt det om at kunne gennemløbe væddeløbsbanen (stadion) et vist antal gange (7, 12 eller flere), og det kom herved mere an på udholdenhed end på hurtighed. Der var både et længdeløb for drenge og et for voksne mænd.

[64]) Idet han nemlig som krigsfange og slave ville blive tvunget til at kæmpe med de vilde dyr i amfiteatret. For øvrigt var manden en dårlig profet, for ingen af disse ting skete.

[65]) Navnene betyder henholdsvis: *Sejrsbyen, Enighedsbyen* (formodentlig under hensyn til det gode forhold mellem de to kejsere, Lucius Verus og Marcus Aurelius), *Fredsbyen.*

[66]) Forfatteren har åbenbart tænkt sig en fortsættelse af partherkrigen i smag med Alexander den Stores tog til Indien.

[67]) *Muziris* var en handelsplads langt nede på Forindiens vestkyst; *oxydrakerne* en indisk folkestamme i Punjab.

[68]) Titlen »*Parthiske sejrvindinger*« er naturligvis latterlig og urimelig, fordi den er tvetydig. Den anden titel, »*Parthis*«, er også tåbelig, af den grund, at det er en ganske forkert orddannelse til at betegne det, der skulle betegnes; »*Parthis*« ville nemlig kun kunne betyde »en lokalhistorie om Parthien«, en skildring af landet, dets institutioner og dets historie, ligesom ordet *Atthis,* i analogi med hvilket det er dannet, er den stående titel på de mange forskellige værker,

man havde om Attikas lokalhistorie.

⁶⁹) Således vil nemlig nok adskillige folk dømme om Lukians kritik, særlig de, hvem den har ramt. For resten er teksten her slemt mishandlet, idet en hel række ord må være gået tabt, og oversættelsen gengiver kun, hvad man med en vis rimelighed kan formode der har stået.

⁷⁰) Sådanne modsætninger er f. eks. efter stoikernes mening dyden og lasten; enten har man den ene, eller også har man den anden. Således er det også efter Lukians mening med modsætningen mellem god og slet historieskrivning.

⁷¹) *Momos* er den personificerede dadlesyge, dadelens gud, en skikkelse, som først er skabt af Hesiod i hans Theogoni.

⁷²) Lukian har her sikkert tænkt på de ord, Perikles siger om sig selv hos Thukydid (II, 60): »Jeg er en mand, der, efter hvad jeg tror, ikke står tilbage for nogen i evne til både at erkende det rigtige og at forklare det for andre.«

⁷³) *Ikkos* fra Taras og *Herodikos* fra Selymbria levede i det 5. årh. f. Kr. og udmærkede sig som atleter, gymnastiklærere og læger; *Theon* er ikke nærmere bekendt.

⁷⁴) I de beretninger, vi har om den berømte historie, som Lukian her sigter til, hedder det altid, at det var *Antiochos*, som var blevet forelsket i sin skønne stedmoder Stratonike, Demetrios Poliorketes' datter, og fik hende afstået af sin fader Seleukos, efter at lægen Erasistratos, som havde opdaget årsagen til den sygdom, hvoraf han hentæredes, havde røbet sagen for Seleukos. Hvem den *Perdikkas* er, om hvem man har haft en lignende historie, vides ikke; af stedet her kan vi kun se, at Lukian har villet betegne ham som en svag, blødagtig person, der ikke har haft meget anlæg for gymnastisk uddannelse.

⁷⁵) Det var to for deres styrke meget berømte brydekæmpere, om hvem der i oldtiden fortaltes mange vidunderlige historier.

⁷⁶) Lukian må have kendt en historie om, at Filip ved en eller

anden lejlighed har taget en, der havde omtalt hans enøjethed, det ilde op; men vi ved intet herom andetsteds fra, så vidt jeg kan finde.

[77]) Denne bemærkning er naturligvis spøgende ironisk; for hverken kan det tilkomme en historieskriver at udtale sådanne ønsker, ikke heller ville de jo kunne have den mindste indflydelse på sagernes gang.

[78]) Alle de forskellige ting, her omtales, sigter til Thukydids skildring i VII bog af kampene mellem athenaierne og syrakosierne og kan fuldt ud kun forstås af den, der kender denne skildring.

[79]) *Klotho*, *Atropos* (og *Lachesis*) er de tre moirer, skæbnegudinder, som fra første færd har bestemt, hvorledes det skal gå med alle ting.

[80]) Lukian sigter ved disse bemærkninger til historieskriveren *Ktesias,* der tjente som livlæge hos perserkongen Artaxerxes II Mnemon og skrev et værk om persernes historie, som man i Hellas var tilbøjelig til at anse for løgnagtigt helt igennem.

[81]) Thi gymnastikken stræber efter at frembringe den sande og ægte skønhed, hvorimod pyntekunsten (kosmetikken) med alle sine bedrageriske midler kun skaber en falsk og hyklet skønhed.

[82]) *Onesikritos* havde skrevet et værk om Alexander den Stores opdragelse og bedrifter, fuldt af ros over ham; men man regnede ham for den upålideligste og løgnagtigste af alle Alexanders historieskrivere, hvad der ville sige meget.

[83]) Muligvis Aristofanes.

[84]) Der menes den slags undseelse, som han kan føle på sit fædrelands eller sine venners vegne, når disse har gjort sig skyldig i noget dumt eller vanærende, og som kan bringe ham til at fordølge det for deres skyld.

[85]) Med dette kan man sammenligne, hvad der står hos Polybios (I, 14): »I sit øvrige liv bør den gode mand være både

vennekærlig og fædrelandskærlig og dele sine venners had til fjenderne og kærlighed til vennerne; men når han overtager en historieskrivers rolle, bør han glemme alt sligt og mangen en gang rose fjenderne og hædre dem med de største lovtaler, når deres gerninger kræver dette, men derimod tit laste sine nærmeste venner og dadle dem skarpt, når fejltrin i deres færd giver ham anvisning på dette.« Maurice Croiset anfører til sammenligning følgende udtalelse af Fénelon: »Le bon historien n'est d'aucun temps ni d'aucun pays«, og af Voltaire: »Il n'appartient qu' au philosophe d'écrire l'histoire; le philosophe n'est d'aucune patrie, d'aucune faction.« Smlgn. Holberg i hans »Betænkning om Historier«, som i det hele fortjener at sammenholdes med Lukians skrift: »Hvilken af disse Ting som fattes, enten Materialier, Skrivekonst, Oprigtighed eller Dristighed, saa kand Historien ikke blive fuldkommen. Hvad som jeg admirerer hos Thuanum, foruden Stiilen, og de tilforladelige Memoires, han har bygget sin Historie på, er dette, at jeg af hans Historie ikke kand see, enten af hvad Nation eller Religions Sect han var, hvilket ikke kand siges om mange andre Historier.«

[86]) Lukian sigter til slutningsordene i Thukydid I, kap. 22 og II, kap. 48; men han holder sig langtfra nøje til Thukydids ord, men gengiver kun hans tanker meget frit. Lignende anskuelser om historiens nytte som belæring for fremtiden findes f. eks. hos Polybios II, 56 o. a. Herodots historieskrivning anser Lukian (med mange andre hellenere) for alt for fabelagtig.

[87]) Lukian mener herved den måde at tale på, som hører hjemme i retsveltalenheden og er noksom bekendt for alle fra talerne ved retsforhandlinger; den dyrkedes i høj grad, og så meget desto mere fare var der for, at den også skulle få indpas i historieskrivningen, hvor den slet ikke hørte hjemme, men hvor tværtimod den rolige, milde og bredt anlagte tale har sin plads. Også hos Cicero og andre indskærpes meget bestemt denne forskel mellem oratorisk og historisk stil.

88) Der kan næppe være tvivl om, at Lukian her særlig har tænkt på slagskildringerne hos Thukydid, som tit har et højere poetisk sving, ved siden af, at de også frembyder den sproglige udtryksmåde, han i det følgende kræver.

89) Dette er de gamle veltalenhedslæreres stadige forskrift med hensyn til den kunstmæssigt byggede prosa, at ordene skal sammenstilles således, at talen vel får en vis *rhythmus*, men ikke bliver *metrisk* som vers.

90) Lukian tænker her sikkert på Thukydids udtalelser (I, 22) om den måde, hvorpå *han* har fået stoffet samlet til sit historieværk.

91) Lukian tænker sig historieskriveren gående frem på samme måde som en billedhugger eller en maler, der begynder med at udarbejde den endnu ganske rå skitse til det påtænkte reliefbillede eller et maleri med flere figurer.

92) Der sigtes til Iliaden 13, 3 ff., men for øvrigt halter sammenligningen lidt, idet thrakerne og myserne dér ikke optræder som fjendtlige modsætninger.

93) Lukian tænker her på Thukydids skildring af kampene ved Pylos (IV, kap. 9 ff.), hvor de to nævnte helte og særlig Brasidas spiller en så fremtrædende rolle, at historikeren har berettigelse til særlig at dvæle derved. Helt anderledes var forholdet i det tilfælde, der skildres ovenfor i kap. 28.

94) Dvs. han må ikke med forkærlighed kaste sig over skildringen af den ene parts bedrifter og forsømme den andens.

95) Lukian anbefaler her den synkronistiske fortællemåde, som Thukydid, Polybios og overhovedet de fleste af oldtidens historieskrivere har brugt, idet de fortæller alt, hvad der inden for samme snævre tidsafsnit er foregået på forskellige steder, efter hinanden inden for den ved tidsafsnittets grænser givne ramme, hvorved de tit kommer til at afbryde skildringen af det, der hører sammen, og springe om fra sted til sted. Dionysios fra Halikarnassos har meget stærkt dadlet Thukydid for denne fortællemåde, som efter hans mening forvirrer

læseren og skader hans overblik; i modsætning til ham lovpriser han Herodot, som har fulgt en helt anden anordning og samlet de sammenhørende ting i større grupper uden at bekymre sig strengt om tidsfølgen.

⁹⁶) *Feidias* (500-430) var Hellas' ypperste billedhugger; hans hovedværker var de kryselefantine (af guld og elfenben lavede) statuer af Athena på Athens Akropolis og af Zeus i Olympia i Elis. *Alkamenes* var en udmærket dygtig discipel af ham. *Praxiteles* fra Athen i det 4. årh., hvis hovedarbejde var den knidiske Afrodite, er vistnok kun ved en fejltagelse nævnt her; han arbejdede nemlig kun i erts og marmor; Lukian havde vist snarere villet nævne *Polykleitos,* Feidias' lidt yngre samtidige, hovedmesteren for skolen i Argos, for hvilken stat han lavede sit mesterværk, den kryselefantine statue af Hera.

⁹⁷) Idet stoffet er samlet, udkastet forfattet og dispositionen i alle enkeltheder fastslået.

⁹⁸) Det, der her tænkes på, er dette: at stille tilhørerne og læserne på det rette standpunkt over for det kommende værk, som de skal høre eller læse, og særlig at sætte dem i den rigtige stemning.

⁹⁹) Lukian har i dette lille kapitel indfriet det løfte, han gav ovenfor i slutningen af kap. 23, men rigtignok på en meget mager og ingenlunde tilfredsstillende måde.

¹⁰⁰) Veltalenhedskunstens teori lærer, at *taleren* ved sin indledning skal stræbe efter at opnå tre ting: at stemme tilhørerne gunstigt for sig, at vække deres opmærksomhed og at lette dem forståelsen af den følgende fremstilling. Af disse tre ting bortfalder den første for historieskriverens vedkommende; han har ingen dommere for sig, hvis gunst han skal vinde ved at smigre for dem, rose sig selv og nedsætte sin modpart.

¹⁰¹) Lukian anfører kun Herodots og Thukydids ord efter hukommelsen og derfor ikke nøjagtigt.

[102]) Disse er (efter Quintilians lære): klarhed, kortfattethed, troværdighed, for så vidt der handles om en tale; ved et historieværk, som jo skal give *sandheden,* bliver der ikke anledning til at tale særlig om det sidste (her i ethvert fald ikke efter alt det, der er udviklet i det foregående), men derimod tales der om de to andre ting i dette og det følgende kapitel, efter at der først er gjort en lille bemærkning om fortællingens hele stil og tone.

[103]) Billedet synes her at være hentet fra en hær i slagorden, der marcherer jævnt og taktfast fremad og stadig holder den rette linje. Meningen må vel være, at fortællingen ikke på nogle steder må blive bred og svulstig, på andre mager og flov.

[104]) Se ovenfor kap. 43-44.

[105]) Og som digter har fuld ret til vidtløftigt at indlade sig på malende beskrivelser. Der sigtes til stedet i Odysseen 11, 576 ff., men Lukian har husket fejl, idet Homer her slet ikke nævner Ixion. Myterne om Tantalos', Tityos' og Ixions straf kan findes i enhver mytologi. — *Parthenios* fra det bithyniske Nikaia, Vergils lærer, og *Euforion* fra Chalkis havde forfattet lidet ansete episke digte. *Kallimachos* fra Kyrene, bibliotekar i Alexandria i det 3. årh. f. Kr., var meget berømt både som lærd og som digter; men hvad der er bevaret af hans digte, viser, at Lukians dadel over ham ikke er ganske uberettiget.

[106]) Som f. eks. i IV, kap. 100.

[107]) Beskrivelsen af *Epipolai,* det hele plateau, på hvis laveste del noget af Syrakusai lå, findes i VI, kap. 96; af havnen gives der derimod ikke på noget enkelt sted nogen udførlig beskrivelse, men træk til en sådan findes spredt rundt omkring på flere steder i VI-VII bog. Pestbeskrivelsen findes i II, kap. 47 ff.

[108]) Lukian har her tænkt på Thukydids ytringer (i I, kap. 22) om, hvorledes han har lavet sine taler; derimod ser vi ikke, hvilken dom han har fældet om disse talers klarhed, hvori-

mod vi ved, at flere andre, og det med ikke ringe grund, har dadlet deres dunkelhed.

[109]) Oversættelsen er her meget fri, da teksten åbenbart er overleveret i ufuldstændig og meget fordærvet skikkelse.

[110]) *Theopompos* fra Chios, en discipel af taleren Isokrates, havde skrevet et par meget dygtige og ansete historiske værker (dels en Hellas' historie, som fortsatte Thukydid, dels om Filip af Makedonien), men dadledes meget for sin tilbøjelighed til at laste de historiske personer, han omtalte.

[111]) Dvs. faren ved at træffe en bestemt afgørelse. Lukian tænker her sikkert på den grundsætning, Herodot i slige tilfælde plejer at følge.

[112]) *Faros* var oprindelig en ø tæt uden for Ægyptens nordkyst på det sted, hvor siden Alexandria blev anlagt, da Alexander havde opdaget, at der her i læ af øen kunne dannes en ypperlig havn; det var af stor betydning at få en sådan bragt til veje på denne farlige kyststrækning, der lige fra byen *Paraitonion* på Libyens grænse og helt hen til Joppe i Syrien ikke havde en eneste havneplads. Faros blev da forbundet med fastlandet ved en dæmning, og på dens nordøstlige spids byggedes det berømte fyrtårn, også kaldet Faros, hvis navn blev et fællesnavn for alle fyrtårne. Det blev først fuldført under Ptolemaios II Filadelfos og regnedes for et at verdens syv underværker; ildsignalerne derfra skal man have kunnet se i over 20 miles afstand.

Efterskrift

For dem, som måtte ville sammenholde min oversættelse med den græske tekst, skal jeg bemærke, at jeg overalt, hvor det har været mig muligt, har lagt Fritzsches endnu ikke fuldendte store udgave til grund for oversættelsen; hvor dette ikke lod sig gøre, har jeg holdt mig til Jacobitz. Jeg har også, så vidt det var mig muligt, taget hensyn til Cobets og andres kritiske arbejder til Lukian, lige som jeg selv på ikke få steder har gjort conjecturer, for hvilke der til dels allerede er aflagt regnskab i „Filologisk Tidsskrift". Selv en noget dristig conjectur af andre eller (sjældent) mig selv har jeg ikke været bange for at gå ind på, hvor forfatterens mening derved syntes mig at komme bedre frem. Hist og her har jeg af hensyn, som læserne af originalteksten let ville fatte, med vilje udeladt nogle ord (et enkelt sted et længere stykke), dog kun hvor efter min overbevisning en sådan udeladelse ikke i nogen måde ville skade forfatteren.